La ciencia del autoaprendizaje:

Cómo enseñarte a ti mismo lo que quieras, aprender más en menos tiempo y dirigir tu propia educación

Por **Peter Hollins**, autor e investigador
petehollins.com

Traducido por **Guillermo Imsteyf**

Contenido

Capítulo 1. Principios del autoaprendizaje

Nuestros padres y seguramente la mayoría de nosotros mismos recordamos cómo era la educación en el siglo XX, antes de que la tecnología facilitara el acceso a la información. Aprendíamos en entornos institucionalizados como el aula, el laboratorio, el taller y en el campo mismo. Quizás algunos de nosotros hayamos adquirido habilidades complementarias en escuelas de oficios o cursos nocturnos. Antes, aprender algo demandaba mucho esfuerzo. Las enciclopedias eran de uso popular y masivo, ya que no había otra forma de buscar información o aprender de manera autodidacta. Cuando pensamos en lo difícil que resultaba aprender lo que nos interesaba, parece que nos estuviésemos refiriendo a una época oscura y muy lejana en el tiempo.

En aquellos entornos tradicionales, alguien decidía por nosotros lo que debíamos aprender, ya fuera un consejo escolar, un instructor particular o la misma familia. El aprendizaje era una relación vertical que involucraba a una persona con el conocimiento que nosotros buscábamos. En general, el autoaprendizaje no se consideraba tan legítimo como sí lo era una educación de una fuente conocida o acreditada. Para acceder a convertirse en un profesional o poseer una educación considerada legítima, se debía pasar por los canales adecuados y haber recibido los papeles correspondientes que aseguraran a los demás que uno estaba bien instruido. Los custodios de la buena educación estaban por todas partes y su misión era evitar que uno se rebelara.

Afortunadamente, eso ha cambiado en el siglo XXI. La autoeducación es una industria próspera. Hoy en día, los estudiantes dirigen su propio aprendizaje en temas que antes solían impartirse solo en entornos académicos. Internet ha abierto anchas avenidas de acceso a la información que están disponibles para todo aquel que disponga de conexión. Quien quiera aprender sobre historia, ciencia, artes, negocios, tecnología o literatura, puede hacerlo con solo poseer algo de conocimiento sobre las fuentes disponibles en línea. Con ellas, los estudiantes pueden complementar sus estudios tradicionales o crear sus propios planes de estudio a medida para llegar a donde quieren llegar. Los titanes de los negocios que hoy tanto admiramos ya no tienen ninguno de aquellos títulos que antes eran obligatorios.

Sin embargo, la autoeducación puede parecer una empresa compleja. De hecho, implica un mayor impulso y compromiso personal que en nuestros días escolares a reglamento, porque en esta oportunidad nos estamos guiando a nosotros mismos en el proceso de aprender por nosotros mismos. Nos estamos motivando. A menudo aprendemos en un vacío casi absoluto, intentando establecer relaciones conceptuales en temas que son totalmente nuevos para nosotros. Y con frecuencia dudamos de si lo estamos haciendo bien.

Este libro tiene como objetivo aliviar algunos de esos problemas y ayudarte a convertirte en un autodidacta dedicado, decidido y ágil en cualquier disciplina de tu elección. Te guiará en el camino de encontrar tu inspiración para aprender, planificar, desarrollar hábitos positivos y conducir tu propia educación.

Espero que puedas aplicar las habilidades y el razonamiento que este libro proporciona para cualquier curso de tu interés y, con suerte, alentarte a descubrir más temas sobre los que aprender.

El autoaprendizaje requiere de una mentalidad que no siempre se estimula en las instituciones tradicionales, pero que puede constituir una gran ventaja más allá de la educación. Es la mentalidad del autodidacta.

Un autodidacta es, en pocas palabras, un *autoeducador*. Es a lo que probablemente estés aspirando. Los autodidactas se apropian de todo el método de aprendizaje, desde el principio hasta el final, desde el interés inicial hasta la implementación. Están hambrientos por aprender más sobre los temas que les apasionan, y les entusiasma aprender nuevos temas desde cero. Administran todas las herramientas que necesitan para aprender: libros, videos, *podcasts*, cursos en línea y también trabajo de campo. Un autodidacta se siente cómodo con la idea de ser a la vez profesor y alumno.

Cualquiera puede ser autodidacta, no hay restricciones de edad, sexo ni antecedentes. Todo lo que se requiere es la voluntad de ir en procura de nuevos conocimientos y hacerlo con una mente analítica y perspicaz. El autodidacta está impulsado por un fuerte deseo de desarrollar su inteligencia y es exitoso mediante la ejecución de un esfuerzo adecuadamente orientado y planeado. Un autodidacta es especialmente eficaz si posee una memoria sólida y la capacidad de dirigir su propio método de estudio fuera de los entornos de la educación formal.

La habilidad para convertirse en un autodidacta no es fácil de adquirir, especialmente al principio, pero llevará tu autoaprendizaje a un nivel superior. Se trata de un método que te permitirá sumergirte en nuevos conocimientos y convertirte en experto, aunque demande tu mayor esfuerzo.

El aprendizaje tradicional frente al autoaprendizaje

Todos tenemos alguna experiencia en el aprendizaje institucionalizado y es importante que así sea. Probablemente hayamos pasado por la escuela secundaria e incluso la universidad, o vivido distintas situaciones de intentos académicos. Pasar por la escuela tradicional era necesario, porque sentaba las bases para nuestras vidas adultas, ya sea que resultáramos estudiantes estrella o rebeldes.

Dicho esto, existen algunos elementos de la educación tradicional que podrían considerarse impedimentos para un aprendizaje verdadero. Estos elementos no siempre son negativos y el que sean obstáculos tiene mucho que ver con el alumno. Varias personas instruidas y respetadas, entre ellos Mark Twain y Albert Einstein, ambos célebres autodidactas, han expresado su escepticismo sobre los límites de la educación tradicional. Si bien sus críticas pueden no resultar del todo acertadas en todos los ámbitos, son válidas en ciertos casos y constituyen argumentos legítimos a favor de la autoeducación.

La educación tradicional es psicológicamente limitante. En un entorno educativo tradicional, se espera que seas puntual y que siempre estés atento. La mayoría, si no todos, de tus recursos mentales deben orientarse a los temas que estás estudiando, hasta el punto en que tomarte apenas unos minutos de descanso podría hacerte sentir culpable o irresponsable. ¿Cómo podrías disfrutar de esa película de dos horas que te gustaría ver si no puedes dejar de pensar en el examen de química? Este es uno de los muchos problemas de asumir un enfoque único para todos los casos.

A menudo utiliza el miedo como motivador. Si no estudias mucho y alcanzas el éxito de acuerdo con los estándares de tu escuela o universidad, no tendrás futuro. Cuando somos niños, nos aseguran que si no cumplimos con los requisitos de la educación tradicional, si no mantenemos la cabeza baja durante 18 años y obtenemos ese título, terminaremos en la indigencia, sin éxito y viviendo una vida terrible al margen de la sociedad.

El problema de usar el miedo como motivador es que no funciona, y ya explicaremos por qué. Claro, es posible que a los niños les cueste hallar la motivación de otras formas, pero hay otras formas.

Limita o destruye la creatividad. En la escuela, haces lo que te dicen. No tienes margen de maniobra. El plan de estudio ha sido previamente elegido para ti. Ya te han sido asignados tus textos educativos, y los materiales de estudio y los experimentos de laboratorio pertenecen a metodologías de las que no se puede desviar. Solo existe una respuesta y un método. Se te pide abordar los problemas y los interrogantes de una manera fija, específica y predeterminada. Se te pide que te adaptes, aunque sea mucho más sencillo comprender un concepto mediante el pensamiento creativo y la investigación autónoma. Como consecuencia, la frustración te aleja del tema en cuestión y te enseña poco o nada.

Te convierte en una persona de mente cerrada. Las universidades que componen la Liga de la Hiedra (o Ivy League, conferencia deportiva compuesta por ocho universidades privadas del nordeste de Estados Unidos, consideradas las más prestigiosas, exclusivas y elitistas del país) tienen bien merecida su buena reputación, pero establecen una jerarquía social basada en quién pasó por los canales adecuados y quién merece qué. Por supuesto, este fenómeno no se limita a las universidades de alto rango. Buena parte de la cultura de la educación tradicional afirma dice que solo existe un solo camino, y que cualquier que no lo tome carecerá de legitimidad. ¿Cómo alguien que no tiene mi licenciatura en sociología para la cual estudié en la universidad durante cuatro años podría hacer el mismo trabajo que yo?

Dificulta el aprendizaje futuro. Después de 20 años de aprendizaje forzado (decenas de miles de horas de clases, conferencias, lectura y acumulación de datos), estás condicionado a no poder aprender de una manera distinta. Ni siquiera imaginas que pueda existir otra manera, y mucho menos que eres capaz de dirigirla tú mismo. Crees que aprender es sentarse y absorber, y luego demostrar dicha absorción.

Muchos estudiantes han experimentado tal nivel de agotamiento por el aprendizaje institucional, que al graduarse ya no quieren aprender nada más. Algunos estudiantes se cansan tanto de tener la nariz enterrada en los libros de texto, que los agota la mera idea de leer un libro aunque fuese por entretenimiento. Cuando has vivido un cuarto de vida soportando las dificultades de un entorno educativo estricto, es altamente probable que tu visión de la educación esté distorsionada.

Estos defectos del aprendizaje institucionalizado no son universales y no deberían convertirse en excusas para abandonar tus estudios. Pero sí ilustran algunas de las barreras psicológicas que una educación tradicional puede reforzar, y pueden explicar por qué puede resultar difícil retener la información que se supone que debemos aprender en la escuela. Se te dice qué debe importarte y cómo pensar. Esta no es una fórmula sostenible para reafirmar el compromiso ni ayudarte a retener conocimientos.

Por el contrario, la autoeducación contiene algunas ventajas potenciales que no surgen necesariamente en el ámbito de la educación tradicional. Estas ventajas pueden resultar de gran ayuda, no solo para el desarrollo de tu autoestima e inteligencia personal, sino también para comprender y enfrentar los escenarios del "mundo real".

La autoeducación puede ayudarte a sumergirte en un tema tanto como lo desees. Todos los cursos escolares institucionalizados son finitos. No pueden cubrir todo sobre un tema dado porque están sujetos a plazos de tiempo. Pero en el autoaprendizaje no es necesario seguir un plan de estudios estricto. No hay límites para lo que puedes aprender, de ese modo puedes profundizar mucho más en tu materia con independencia del tiempo que haya tenido tu profesor universitario para enseñártela.

Vas a tu propio ritmo, solo limitado por tu motivación y disciplina. Puedes decidir tu propio nivel de dificultad. Con el autoaprendizaje no tienes que detenerte, y puedes llegar tan lejos y tan rápido como te lo propongas. O puedes hacer lo contrario: tomarte todo el tiempo para comprender completamente un tema. Y ambos escenarios están bien.

Puedes prepararte de manera permanente para el aprendizaje. Tu título universitario no tiene por qué ser el punto final de tu educación, aunque eso sea lamentablemente lo que muchos estudiantes consideren. Con el autoaprendizaje, puedes desarrollar hábitos, aptitudes e intereses que te prepararán para aprender por el resto de tu vida, profundizando tu experiencia en un tema y manteniéndote al día con las últimas noticias. La educación tradicional propone lectura y regurgitación, y ese no es el mejor enfoque para mantenerte al día en la vida. Existen otros enfoques que pueden ser más beneficiosos.

Puedes estudiar materias con una perspectiva diferente. La mayoría de los graduados universitarios desarrollan una trayectoria profesional determinada y limitada. Estudian con un propósito específico y buscan qué hacer con sus nuevos conocimientos. Aunque alcancen el éxito en sus campos, estos tiempos donde los cambios se producen rápidamente pueden poner en riesgo sus trabajos, ya que se espera que los empleados se mantengan actualizados y sepan más sobre diferentes temas.

Por ejemplo: resultaría más conveniente aprender japonés para un amplio uso cotidiano, y no solamente para aplicarlo a los negocios. Comprometerse con el autoaprendizaje te da ventaja porque te permite aprender con propósitos amplios, diversos, o incluso sin propósito alguno. Este constituye un marcado contraste con el aprendizaje institucionalizado o "dentro de la caja", orientado únicamente hacia una perspectiva específica.

Puedes desarrollar la autodisciplina. Trazar tu propio plan de estudio implica planificación, gestión personal y compromiso. Cuando logras desarrollar por ti mismo estas habilidades, las incorporas de manera mucho más significativa que cuando otra persona trata de imponértelas. Desarrollar la autodisciplina es una de las ventajas adicionales más útiles de la autoeducación, porque puede aplicarse a todas las demás áreas de tu vida.

Puedes crear posibilidades nuevas y únicas. Probablemente no hayas tenido tiempo para aprender todo lo que te hubiese encantado aprender cuando estabas en la universidad. El autoaprendizaje te permite reencontrarte todos esos intereses y pasiones que quizás hayas tenido que dejar de lado durante tu educación formal. También puedes desarrollar experiencia en nuevos temas que podrían ampliar tu potencial profesional.

Los estudios demuestran que las personas promedian cinco a siete carreras a lo largo de su vida. ¿Estarás limitado por tu falta de habilidades para el autoaprendizaje, o podrás pasar de una carrera a la otra sin inconvenientes?

La pirámide del éxito en el aprendizaje

Los beneficios del autoaprendizaje son reales y convincente, y tengo la certeza de que cualquiera puede llevarlo a cabo, pero, al igual que con todo en la vida, no es algo que se encienda o apague con solo apretar un interruptor. Es más sencillo cuando ya existe una base mental y emocional propicia. Por otra parte, leer un libro útil como este no te hará mal.

El legendario entrenador de baloncesto John Wooden fue también un astuto filósofo personal que desarrolló «la pirámide del éxito». La pensó como un diagrama para guiar a los estudiantes hacia el éxito en sus empresas personales y profesionales a través de 15 «bloques».

El modelo de Wooden ha oficiado como base para modelos de otros autores que intentaron proporcionar hojas de ruta hacia el éxito o la consecución de objetivos, incluida la educadora Susan Kruger. Ella desarrolló la «pirámide del éxito en el aprendizaje», que identifica los elementos necesarios para asegurar el logro en el aprendizaje a lo largo de tu vida. Kruger redujo el número de bloques a 3:

- Confianza

- Autogestión

- Aprendizaje

Confianza. En la base de la pirámide de Kruger está la autoconvicción de que somos capaces de aprender. Es un requisito esencial donde la química del cerebro juega un rol importante.

Cuando recibimos información, sea cual fuere, esta viaja por la médula espinal hacia las redes neuronales del cerebro. La primera parte del cerebro en recibir la información es el centro emocional, y lo hace antes que las partes analítica e interpretativa. Como era de esperar, esto causa algunos problemas en nuestra vida cotidiana. El trabajo del centro emocional es determinar si la información que obtenemos representa una amenaza para nuestra seguridad.

Si esta parte del cerebro percibe una amenaza, entonces agota los recursos químicos del resto del cerebro para hacer frente a la amenaza. Este fenómeno se conoce como *respuesta de lucha o huida*, por medio de la cual nuestro cuerpo se activa para evitar daños.

El centro emocional no distingue entre amenazas físicas o personales, lo que significa que percibe un insulto o una crítica con el mismo nivel de alarma que un puño, un ataque de oso o un camión que se aproxima. Está respondiendo ante un peligro con el objeto de asegurar nuestro bienestar y, para hacerlo, utiliza los insumos químicos que normalmente destinaríamos a otras actividades impulsadas por el cerebro, como el aprendizaje.

Por lo tanto, motivar a alguien para que aprenda mediante amenazas o reproches no solo es ineficaz, es imposible. Si uno se siente herido o desconfiado, o si está lidiando con depresión, estrés, problemas personales difíciles o miedo, no le quedan recursos para aprender.

Por ello, es importante establecer una confianza real en que tenemos la capacidad de aprender. Si se está agotando en esta área, sé amable contigo mismo y toma medidas para afirmar tus habilidades de aprendizaje. Todo lo que has aprendido en tu vida ha sido desde cero. Puedes que te sientas ignorante o que no seas lo suficientemente bueno, y puede que ambas cosas sean ciertas, pero son condiciones temporales.

No existe tema que no puedas entender con perseverancia y eventual trabajo duro. Decídete a no rendirte. Haz planes sobre cómo aprenderás. Perdónate si necesitas tomarte mucho tiempo y marca tu progreso a medida que avances.

Si sabes que hay una olla de oro al final del arco iris, pero no confías en poder seguir el arcoíris, la tarea comienza a parecerte inútil. La confianza en el aprendizaje es la que posibilita que sigas leyendo este libro.

Autogestión. El siguiente nivel en la pirámide del éxito en el aprendizaje es organizar el tiempo, los recursos, las herramientas y la comunicación para garantizar un aprendizaje eficaz. Una vez más, este proceso está dictado por la forma en que nuestro cerebro maneja la información entrante.

Una vez que nuestros centros emocionales terminan de procesar la nueva información, la siguiente parte del cerebro que recibe los datos es el cerebro frontal o corteza prefrontal, que es algo así como nuestro asistente personal: maneja la memoria, el lenguaje, la función motora, la resolución de problemas, la regulación de los impulsos, el comportamiento social y muchas otras habilidades cognitivas. Cuando el cerebro frontal está exhausto, experimentamos un cansancio que nos impide hacer otra cosa.

Esto se conoce como agotamiento del ego (vale señalar que esto ha sido parcialmente refutado recientemente, pero resulta innegable que ante más elementos acumulados, la consecuencia será más cansancio, y menos capacidad de atención y esfuerzo).

La mejor manera de combatir este «drenaje cerebral» es trabajando en la capacidad de autogestión, particularmente en la organización. Esto significa tomarse el tiempo para configurar sistemas, rutinas y acciones que facilitarán la ejecución de la tarea de manera continua. La preparación es a menudo la diferencia crítica entre el éxito y el fracaso, por lo que es vital no apresurarse. Esta es una habilidad que puede haber permanecido inactiva, ya que la educación tradicional imponía un horario riguroso. Pero dado que debemos convertirnos en estudiantes y maestros al mismo tiempo, no podemos permitirnos el lujo de descuidar esto.

Para el autodidacta, este proceso significa organizarse a sí mismo y a sus materiales para facilitar la recopilación de información, el estudio, la comprensión y la evaluación de lo que se ha aprendido. ¿Cómo programarás tu tiempo de lectura? ¿Qué recursos utilizarás para realizar un seguimiento de tu progreso y determinar dónde están tus lagunas de conocimiento? ¿Cómo producirás lo que ha aprendido: por escrito, en video, en un proyecto o por algún otro medio?

Piensa en este paso como una especie de informe de laboratorio. Antes de comenzar con un experimento, un científico escribe su hipótesis (o lo que sea que quiera lograr o probar), y los métodos y materiales que seguirá y utilizará para llegar a sus conclusiones. Después de cada etapa de su experimento, registra los resultados e indica qué ajustes podría necesitar hacer para proseguir con los ensayos. Finalmente, escribe los resultados generales y explica el significado de las conclusiones.

Al aplicar esta mentalidad al autoaprendizaje, se establece un marco inicial que detalla cómo se va a ejecutar. Si te estás enseñando un idioma extranjero, querrás hacer una lista de libros y recursos de audio que usarás. Puedes confeccionar una lista de cómo practicar y evaluarte, tal vez con una grabadora de sonido en línea o un teléfono inteligente. Al final del curso, puedes proponerte traducir un buen número de palabras al idioma que estás aprendiendo.

Este paso puede parecer un poco laborioso, especialmente frente a la ansiedad de sumergirte en el material. Pero te ahorrará mucho tiempo en el futuro y te ayudará a aprender infinitamente más. Es importante regularse para aprender mejor, ya que una vez que hayas llevado al caballo al agua (es decir, una vez que hayas encontrado los recursos), el caballo debe beber el agua por sí mismo (es decir, tú debes beber por ti mismo).

Aprendizaje. Pues, aquí estamos. Con tu confianza y autogestión listas, está preparado para aprender. El aprendizaje es manejado por el cerebro posterior, que supervisa la memoria, las conexiones, el reconocimiento, la visión y el significado, entre otras funciones. Esto se conoce como hipocampo. Es donde se procesará y analizará toda la información. Es donde la información se convierte de memoria a corto plazo en memoria a largo plazo, y donde ocurrirán cambios estructurales físicos reales en el cerebro.

Aprender no es una tarea difícil en sí, pero la mayoría de las personas cometen el error de creer que esta tercera etapa es donde deben comenzar, en lugar de abordar sus problemas de confianza y autogestión. Una vez que superas o al menos abordas esos obstáculos en la pirámide de aprendizaje, el autoaprendizaje se vuelve mucho más sencillo.

Artes y ciencias

La pirámide del éxito en el aprendizaje describe los activos internos que debemos poseer para embarcarnos en la educación, ya sea institucional o de autoaprendizaje. Pero con todas las materias que tenemos a nuestra disposición, ¿hay ciertos cursos de estudio que sean más efectivos que otros en la autoeducación?

Con una planificación y ejecución adecuadas, se puede ser autodidacta en cualquier materia, ya sea tocando música, o aprendiendo estadística o historia mundial. Todos los temas son posibles, pero hay algunos que se adaptan mejor al acto de la autoeducación, y se reduce a la diferencia entre las artes y las ciencias.

Cada materia o disciplina es un "arte" o una "ciencia", no solo las obvias como la escultura y la biología. La diferencia entre artes y ciencias está dada por la variación entre aprendizaje subjetivo y objetivo, y el papel que juegan los profesores en la difusión de la información.

En las artes, todo es subjetivo. En última instancia, no hay respuestas correctas o incorrectas en el arte. Por supuesto, se puede enseñar una forma más menos «adecuada » de trazar pinceladas o de calibrar una cámara de video. Pero no es una necesidad de carácter absoluto hacer esas cosas de una manera reglamentada para producir una obra de arte. Si el objetivo del arte es evocar una emoción, y la emoción es subjetiva, existen innumerables caminos para lograr ese objetivo.

El contenido de un curso de artes es cambiante y buena parte depende del instructor, que tiene su propia interpretación del material con el que está enseñando. Ese mismo curso con esos mismos materiales podría ser completamente diferente en otra escuela con otro maestro. No hay «hechos» rígidos en las artes, y por esa razón el profesor es indivisible de la materia que enseña. Sin puntos de referencia e hitos sólidos, esto es más difícil en el autoaprendizaje.

La ciencia, por otro lado, es objetiva. Trata exclusivamente con hechos probados y datos duros. La velocidad de la luz, la composición física de los elementos de la tabla periódica y el producto de 2 por 4 son indiscutibles. No se tiene una opinión sobre si las respuestas son verdaderas o no: lo son, te guste o no. Puedes aprender fórmulas y cómo aplicarlas, estas nunca cambiarán ni te decepcionarán.

Asimismo, el trabajo de todos los profesores de ciencias del mundo es contarte estos hechos. Sin importar cómo te los enseñen o cómo los interpreten, todos tienen que enseñarte los mismos conceptos, porque es literal y verdadero. Si un profesor de matemáticas te dice que 2 por 4 es igual a 13, seguramente no será profesor por mucho más tiempo. De modo que las ciencias objetivas no dependen de un cierto tipo de maestro; ya sea que los profesores estén presentes o no, los hechos seguirán siendo los hechos. Esto es más confiable de aprender de manera autodidacta en comparación con las artes.

En el autoaprendizaje eres tu propio instructor. La única personalidad con la que tienes que lidiar es la tuya. Puedes leer las opiniones e interpretaciones de otras personas, pero el embudo final es tu propio cerebro. Tu tarea consiste en buscar material relevante e inculcarlo en tu propia cabeza.

Es por ello que hay algo cierto en la idea de que las ciencias son más adecuadas para la autoeducación que las artes. No importa qué rama de la ciencia estudies (ciencia física, derecho, estadística o economía), en todas habrá una serie de datos indiscutibles que tendrás que aceptar por válidos en algún momento. Esas verdades concretas son más fáciles de establecer que las teorías más flexibles de las artes. Por lo tanto, como autodidacta, el estudio de las ciencias puede ser más adecuado.

Esto no significa que sea imposible aprender por sí mismo una asignatura artística. He pasado mucho tiempo por mi cuenta trabajando en mis habilidades de escritura, por ejemplo, y supongo que lo seguiré haciendo. Enseñarte un arte a ti mismo es completamente posible. Solo debes realizar ciertos pequeños ajustes en tu enfoque del tema.

Automotivación

Las recompensas del autoaprendizaje son obvias, pero no te equivoques: es un esfuerzo ambicioso. Estás cumpliendo las funciones de estudiante y de profesor. Requiere confianza, compromiso y una buena planificación. Si no eres un «emprendedor» tradicional, la meta puede parecerte tan pesada que te resulte difícil lograr acumular la motivación necesaria para alcanzarla.

El autoaprendizaje no es como la escuela típica, donde algo o alguien que no eres tú es responsable de establecer tus metas y motivarte a trabajar en su prosecución. Tampoco es como el trabajo, donde tu motivación es simple: hacerlo y recibir un pago. Por otra parte, la estrategia motivadora de «palo y zanahoria» no siempre te lleva a producir un mejor trabajo, y aunque obtengas una compensación por haber completado tu trabajo con éxito, existe una gran posibilidad de que no logres mucho satisfacción con ello.

A ese régimen de castigo o recompensa lo llamamos «motivación extrínseca»: la compensación que recibes proviene de una fuente externa, como la empresa para la que trabajas o el distrito escolar en el que estudias. No eres tú, sino otra persona quien genera tus pagos o recompensas de acuerdo a las pautas preestablecidas. Este tipo de motivación pudo ser útil en el pasado, cuando las opciones de estudio y de empleo eran mucho más limitadas, y la gente solo buscaba sobrevivir.

Lo opuesto a este concepto es la «motivación intrínseca». En lugar de realizar una tarea para obtener recompensas o evitar el castigo de otra persona, alguien que experimenta una motivación intrínseca realiza una actividad por cómo la enriquecerá en un nivel intangible. Las recompensas que uno obtiene en este marco son autogeneradas: orgullo, disfrute, sentido de logro o estar a la altura de un desafío. Este tipo de recompensas tienen un significado más personal que un cheque de pago o una calificación.

Las investigaciones realizadas durante los últimos cincuenta años han revelado sostenidamente que las recompensas intrínsecas son mucho más motivadoras que las extrínsecas. De hecho, los estudios realizados en la década de 1970 por los profesores Harry Harlow y Edward Deci encontraron que la motivación extrínseca resta valor a la motivación intrínseca: si haces tu trabajo porque de él obtienes dinero y a la vez satisfacción personal, la motivación por las recompensas externas hará disminuir la calidad de las recompensas internas que persigas.

El autor Daniel Pink ha escrito varias obras clave sobre sus teorías de la motivación contemporánea. En la actualidad, afirma, es más probable que la idea de «Motivación 3.0» produzca el éxito personal que todos deseamos. Esto sigue a las eras llamadas «Motivación 1.0», que refiere a cuando prevalecía la necesidad primitiva de sobrevivir, y a la «Motivación 2.0», en relación al modelo de recompensa y castigo que tus padres podrían haber experimentado en su tiempo.

La Motivación 3.0 tiene que ver con la motivación intrínseca. Está estimulada por la creencia de Pink de que «el secreto de un rendimiento óptimo no radica ni en nuestro impulso biológico ni en nuestro impulso ante el premio o castigo, sino en un tercer impulso: nuestro deseo, profundamente arraigado, de dirigir nuestra vidas, de extender nuestras capacidades y de vivir una vida con una finalidad». Pink describió tres factores diferentes que constituyen la motivación intrínseca.

Autonomía. La libertad es un gran impulso para todos. Tener autonomía significa tener el control total de tu propia vida. Estás al volante, estás tomando decisiones y generando tus propias recompensas. No estás respondiendo a las demandas de nadie y puedes fijar tu propia agenda.

La autonomía nos motiva porque queremos creer que solo nosotros podemos afectar realmente nuestras propias vidas. En realidad, nadie disfruta de la perspectiva de que alguien más manipule las palancas de su existencia, pues ello implicaría estar restringido por las expectativas o deseos de otra persona. Estamos criados para querer la independencia porque ella aumenta nuestras propias reservas de autoestima y poder personal.

En la motivación para el autoaprendizaje, puedes usar el factor de autonomía para imaginar cómo podría mejorar tu vida una vez que adquirieses el conocimiento. Por ejemplo, es posible que estés motivado para aprender a codificar en un lenguaje de programación porque te ves ti mismo dirigiendo tu propio negocio de diseño web en el futuro. Puedes querer aprender un nuevo idioma porque quieres irte a vivir a un país extranjero. O simplemente puedes querer aprender a cocinar porque estás cansado de hacer macarrones con queso de una caja de pasta deshidratada que otra persona fabricó. El punto es convertirlo en una elección propia.

Maestría. No hay nada como la satisfacción de saber que estás haciendo algo bien, que has trabajado y practicado duramente para alcanzar tus propios estándares de excelencia. De eso se trata la maestría: el impulso por mejorar nuestras habilidades o conocimientos en áreas que nos apasionan.

La maestría es un factor motivador porque nos da una sensación de progreso, aunque solo sea por haber logrado superar las fases iniciales de aprender algo nuevo, que es cuando solemos sentirnos frustrados. Seguimos avanzando porque queremos aprender algo nuevo todos los días. Queremos llegar a un punto en el que hagamos solo lo que queremos hacer, sin desviarnos ni demorarnos por tener mucho «trabajo retrasado» o llevar adelante tareas sin propósito. Queremos un sentido de logro al que podamos recurrir a diario.

La maestría puede ser el estímulo más obvio en el autoaprendizaje. Puedes verte interesado en comprender los matices de las obras de Shakespeare, construir un karting desde cero, convertirte en un excelente productor de audio o entender los entresijos de los contratos comerciales para no tener que llamar a un abogado. El objetivo de cada estudiante es adquirir experiencia en su campo, y un gran autodidacta sostiene en su mente la perspectiva de la maestría como lo más importante en cada parada de su viaje. La maestría es doblemente gratificante cuando sabes que se debe solo a ti y a tu impulso, en lugar de ser el resultado de haber seguido el zumbido de un grupo de profesores.

Propósito. Aunque parte de la definición de motivación intrínseca es hacer algo por sí mismo, también hay mérito en la creencia de que estamos haciendo algo por un «bien mayor». Eso es lo que ofrece un sentido de propósito. Creemos que lo que estamos haciendo tiene un efecto positivo en algo más que nuestra vida personal, que también contribuye al bienestar general del mundo, que ayuda al prójimo o que restaura un sentido de significado trascendental en nuestras vidas.

Nos impulsa un propósito porque, bueno, en el fondo, nadie quiere ser un indiferente. Queremos creer que somos «buenas» personas, y que estamos respondiendo a los supremos llamamientos de la naturaleza y de la sociedad. Queremos creer que estamos ofreciendo algo importante al mundo, que nuestro esfuerzo está logrando que la existencia de los demás sea más valiosa, satisfactoria o simplemente feliz. Esto no necesariamente entra en conflicto con nuestros deseos de autonomía, pues, si bien anhelamos la independencia y la autodirección, pero también queremos creer que somos miembros dignos de la raza humana.

Un autodidacta puede querer estudiar filosofía porque busca acceder a un estado mental más iluminado, se enseñará agricultura porque quiere contribuir a un huerto orgánico comunitario, estudiará ciencias políticas porque quiere comprender e impulsar cambios en el gobierno local, o se enseñará a sí mismo a hacer de payaso porque disfruta haciendo reír a los niños (suponiendo que hablamos de los payasos que no dan miedo).

Durante el curso del autoaprendizaje, siempre será de ayuda orientar tu mente hacia las recompensas internas y las mejoras a conquistar. La inspiración es, invariablemente, una fuerza más poderosa que la coerción. Mantener la vista en lo que te darás a ti mismo a través del autoaprendizaje siempre será una fuerza orientadora en tus estudios, y nadie más que tú mismo puede proporcionártela.

Conclusiones:

- Si bien la búsqueda del autoaprendizaje no es novedosa, lo novedoso es cuán posible y alcanzable resulta hoy en día gracias a Internet. Hoy podemos aprender todo lo que queramos. El aprendizaje tradicional tiene algunos aspectos positivos, pero también limita severamente nuestro enfoque hacia la educación y hacia cómo enriquecernos intelectualmente. Para combatir esta limitación, primero debemos seguir el ejemplo de los autodidactas y comprender la diferencia de mentalidad entre leer y regurgitar, y poseer una auténtica curiosidad intelectual.

- La pirámide del éxito en el aprendizaje establece con precisión los tres aspectos del aprendizaje, dos de los cuales generalmente se descuidan, constituyéndose en una barrera insondable para la mayoría de las personas. Primero, debes tener confianza en tu capacidad para aprender, de lo contrario te desanimarás y perderás la esperanza. En segundo lugar, debes ser capaz de autorregular tus impulsos, ser disciplinado y concentrar tu atención: puedes llevar a un caballo al agua, pero no puedes obligarlo a beber. Recién en tercer lugar viene el aprendizaje, que es donde la mayoría de la gente tiende a comenzar, a pesar suyo. Aprender es más que abrir un libro y leerlo, al menos psicológicamente.

- La automotivación está relacionada con la autogestión. Este es un aspecto esencial del autoaprendizaje, ya que en él no existe un educador que te imponga rigidez, sino que tú mismo eres tanto el profesor como el alumno, y aquí entra la tarea de la automotivación. Hay tres aspectos principales de la motivación intrínseca, que te impulsan a seguir avanzando hacia tu objetivo de autoaprendizaje: autonomía, maestría y propósito o impacto. Las recompensas intangibles tienden a ser mucho más poderosas que aquellas a las que tradicionalmente consideras motivadoras.

Capítulo 2. Interacción con la información

Jorge está fascinado con la arqueología, a la distancia. Se interesó en ella desde que vio la película Indiana Jones y los cazadores del arca perdida. Decidió intentar aprender por sí mismo recogiendo tantos libros como le fuera posible, cinco, para ser exactos. Los descarga todos al mismo tiempo en su lector electrónico.

Durante algunos días, los cinco libros no hacen más que mirarlo a través de la pantalla. Él no se detuvo a pensar en cuál de los libros sería el más adecuado para su nivel de experiencia, que en este momento podría calificarse bondadosamente como modesto. Eligió un par de *best sellers* y otro porque solo costaba $ 1.99. Esos cinco libros deberían ser suficientes para familiarizarlo con los conocimientos básicos de arqueología. Deberían estar dirigidos a personas que comienzan desde cero. De ellos, Jorge debería poder aprender lo que necesita en este momento. Debería, debería, debería: la ruina de todas las expectativas razonables.

Jorge comienza a leer uno de los libros, de un arqueólogo con amplia experiencia trabajando en las pirámides de Egipto. Piensa que debería empezar con alguien que haya estado en contacto directo con la fuente, sin tener en cuenta su propio nivel de experiencia. Este libro tiene un extenso prefacio, pero él nunca lee los prefacios. Está ansioso por llegar a lo sustancioso.

El primer capítulo le impone inmediatamente un obstáculo. Hay un montón de palabras largas que parecen solo para los arqueólogos y que él no entiende. Pero está bien, igual seguirá leyendo porque es un lector veloz y avezado. Se leyó la serie completa de Los juegos del hambre en una semana. Podrá con este también, no hay problema.

Jorge se siente mentalmente agotado al finalizar el primer capítulo, pues no ha logrado comprender nada de lo que ha leído. No sabe qué significa ni por qué es importante. Leía un párrafo tras otros negándose con obstinación a consultar un diccionario. Sí, terminó el Capítulo 1 relativamente rápido, pero ya no tiene interés en el Capítulo 2. Es demasiado deprimente y desalentador. Entonces, decide buscar el otro libro que consiguió y sufre exactamente la misma experiencia.

Jorge piensa que todo ha sido una señal divina de que no la arqueología no es lo suyo. Cree honestamente no disponer de los recursos mentales necesarios para continuar con el estudio del tema. Así que cierra su libro electrónico, deprimido y abatido, creyéndose un estúpido.

Pero Jorge no es estúpido. De hecho, era uno de los mejores estudiantes en la escuela secundaria y solía aprobar los exámenes sin estudiar. Su decepción se produjo por sus propias expectativas sobre sus habilidades iniciales y sobre cómo supuso que reaccionaría ante un nuevo saber y nuevos materiales de estudio. Puede que sea inteligente, pero no en este campo. Al no poder comprenderlo de inmediato, lo consideró un fracaso personal. Pero eso se debe a que intentó leer un libro científico de la misma manera en que alguna vez leyó ficción juvenil o cualquier otro texto que le dieran en la escuela secundaria. No tenía ningún plan y no estaba preparado para lo que realmente requiere el autoaprendizaje.

Dado que los estilos de escritura son completamente diferentes, y debido a que su propósito también es diferente (asimilar y comprender nueva información y conocimiento), se deben abordar de maneras completamente diferentes. Para interactuar con la información no solo se deben tener en cuenta las expectativas, sino que se debe planificar. Para empezar, Jorge debería haber intentado utilizar el método SQ3R, un método que pudo haber transformado su camino por el autoaprendizaje.

El método EPL2R

En la gran mayoría de las materias escolares, los libros de texto son el núcleo del programa de estudio junto con las clases y los debates. El plan de clases o lecciones de un maestro típico para un año escolar por lo general se basa en la estructura y orden de al menos un libro de texto. Estos libros son, en la mayoría de los casos, muy voluminosos. Multiplica un libro grande por la cantidad de clases que un estudiante tiene en un semestre determinado y obtendrás como resultado una mochila con un sobrepeso considerable, casi tan pesada como las expectativas de sus maestros de que lea todas y cada una de las lecciones.

Los libros de texto son densos, largos, muy detallados y con muchas anotaciones. Es fácil evocar la imagen de un estudiante a altas horas de la noche, pasando por alto la página 349 de un volumen gigante, agotado de leer e incapaz de retener a la mañana siguiente las palabras que leyó la noche anterior.

Es por eso que el educador estadounidense Francis P. Robinson desarrolló un método destinado a ayudar a los estudiantes a obtener la mayor comprensión de los textos que se les asignan y, ergo, de la materia que están estudiando. Robinson buscó una forma de hacer que la lectura sea más activa, ayudando a los lectores a crear un compromiso dinámico con los libros para que sus mentes retengan la información.

El entorno tradicional de lectura y regurgitación en el aula no el más eficaz, sin embargo es el único modelo que la mayoría de nosotros conoce. El enfoque de Robinson es adecuado para algo más que la lectura: todo tu plan de estudio puede modelarse según el método de Robinson y adaptarse a tu autoaprendizaje.

La técnica se llama EPL2R (también conocida como SQ3R, por sus siglas en inglés), denominada así por sus cinco pasos:

- Encuestar

- Preguntar

- Leer

- Recitar

- Repasar

Encuestar. El primer paso es obtener una descripción general de lo que se leerá. Los libros de texto y las obras de no ficción no son como la ficción o la literatura narrativa en la que se comienza desde el principio y se avanza ordenadamente capítulo a capítulo. Las mejores obras de no ficción están organizadas para proveer información de manera clara y basándose en cada capítulo anterior. Si el lector se sumerge sin realizar un relevamiento inicial, va a ciegas, sin comprender a dónde se dirige y qué está tratando de lograr. Antes de adentrarse en el Capítulo 1, debe tener una visión general del terreno. El objetivo de encuestar es obtener una introducción general al tema, con el fin de establecer y dar forma a los objetivos que se desean lograr mediante la lectura del libro.

Es como echar un vistazo al mapa antes de emprender un viaje. No es necesario saberlo todo en este momento, pero comprender el tema como un conjunto de partes que encastran ayudará a entender los pequeños detalles y a ubicarse cuando se esté en la maleza. Así el lector sabrá que, por ejemplo, si se pierde o confunde, debe retomar hacia el suroeste.

En el método EPL2R, encuestar significa examinar la estructura del trabajo: el título del libro, la introducción o prefacio, los nombres de las secciones, los títulos de los capítulos, y los subtítulos. Si el libro está ilustrado con imágenes o gráficos, es importante revisarlos también. También se pueden analizar los elementos formales del libro para guiar la lectura, como el tipo de letra, el uso de la negrita y la cursiva, los objetivos de cada capítulo o las preguntas de estudio, si existen. Durante la encuesta se establecen las expectativas sobre lo que se va a leer y se proporciona un marco inicial para estructurar los objetivos al leer el material.

Por ejemplo, supongamos que estás leyendo Geología ilustrada, de John S. Shelton. Tiene unos 50 años y no ha habido nuevas ediciones, pero funciona bien para nuestros propósitos.

Tiene un prefacio que describe el contenido del libro y cómo están organizadas las ilustraciones. Hay una tabla de contenido inusualmente extensa, dividida en partes: "Materiales", "Estructura", "Escultura", "Tiempo", "Historias de casos" e "Implicaciones". Todo eso anticipa que el libro comenzará con elementos geológicos concretos, continuará con cómo se forman con el tiempo, los incidentes más importantes y lo que podríamos esperar en el futuro. Esa es una buena suposición sobre el arco del libro.

Luego, cada parte se divide en capítulos, que a su vez se dividen en muchos títulos y subtítulos, demasiados para mencionarlos aquí, pero brindan un resumen más matizado de lo que abarcará cada parte. Al realizar una encuesta para conocer la complejidad de lo que se está aprendiendo, se lo puede comprender mejor y al instante.

Es la diferencia entre mirar un engranaje aislado y ver cómo funciona dentro de un reloj.

Más allá de los libros, debes examinar los conceptos centrales de una disciplina. Si no puedes hallarlos dentro de una estructura como la tabla de contenido de un libro, entonces debes crearlo tú mismo. Sí, esta es la parte difícil, pero una vez que seas capaz de exponer todos los conceptos y comprender cómo se relacionan entre sí, al menos en un nivel superficial, ya estarás un paso adelante de los demás. Utiliza la encuesta para trazar un esquema de lo que aprenderás. En cierto sentido, es más como si diseñaras un «libro metafórico» para ti mismo.

Figúrate un esquema general de lo que va a aprender. Dado que estás estudiando por tu cuenta, pueden existir lagunas en lo que supones que debes saber. Por lo tanto, en esta fase determina sobre qué deseas conocer, tan específicamente como te resulte posible. Por ejemplo, si deseas aprender todo sobre la psicología, indudablemente eso te llevará una cantidad considerable de tiempo. Debes especificarlo. Por ejemplo, la historia temprana del psicoanálisis, los trabajos de Sigmund Freud y Carl Jung, psicología del deporte, psicología del desarrollo, en fin, las posibilidades son muchas.

Deberás estar atento a las frases o conceptos que se reiteran en fuentes diferentes, ya que representan elementos de uso frecuente en el campo elegido y pueden ser cosas que debes saber. Dibuja conexiones, y relaciones de causa y efecto, también antes de sumergirte en detalle en cualquier concepto.

Por ejemplo, supongamos que quieres estudiar la historia del cine europeo. Al escribir "historia del cine europeo" en Google, surgen muchas posibilidades interesantes, y algunas de ellas se pueden resultar de utilidad para trazar el esquema que desees.

Puedes buscar materiales de lectura en Amazon.com y rescatar los que te parezcan más autorizados. La base de datos de películas de Internet (IMDB) puede ayudarte a descubrir las películas europeas más importantes. Puedes conocer qué directores europeos son los más citados, importantes e influyentes. Puedes investigar qué películas europeas están mejor calificadas y por qué. Puedes recopilar información y materiales sobre en qué países específicos se produjeron movimientos cinematográficos y por qué.

Luego, habrás de organizar esos materiales o recursos. Pensarás en un plan para estudiar cada uno, tal vez leer un capítulo de un libro sobre los orígenes del cine europeo, luego ver un par de películas representativas de esa era, y finalmente revisar una serie de películas más amplia. Concéntrate en reunir y organizar; no es necesario tocarlo todo todavía. Lo importante es haber examinado el tema antes de sumergirse en él para, de este modo, comprender en qué te estás metiendo y por qué razón.

Preguntar. En la segunda etapa del método EPL2R, todavía no te sumerges en lo más profundo. Durante la etapa de preguntas, habrás de trabajar más en profundidad preparando tu mente para concentrarse e interactuar con el material que has de leer. Observarás un poco más de cerca la estructura del libro, formularás algunas preguntas que deseas responder y establecerás los objetivos que deseas alcanzar.

En la fase de preguntas en la lectura de un libro o, más precisamente, en la preparación para leer, revisarás los títulos, encabezados y subtítulos de los capítulos, y los reformularás en forma de pregunta. Esto convierte el título dado por el autor en un desafío o problema a resolver. Por ejemplo, si estás leyendo un libro sobre Freud, podría haber un capítulo llamado «Fundamentos de los análisis de los sueños de Freud». En ese caso, reescribirías el título como «¿Cómo se originó el trabajo de Freud sobre la interpretación de los sueños y cuáles fueron sus primeras ideas sobre el tema?». Podrías escribir la pregunta en el margen del libro. Si estás leyendo un libro de texto que contiene preguntas de estudio al final de cada capítulo, estas pueden servir como excelentes guías.

En el libro de geología, en cambio, me temo que no hay demasiados títulos de capítulos que puedan ser reformulados como preguntas («Meteorización», «Agua subterránea», «Glaciación», por ejemplo). Pero hay otros títulos que sí podrían funcionar: «Efectos del metamorfismo en rocas sedimentarias», por ejemplo, podría convertirse en «¿Qué les sucede a las rocas a través de eones de cambio ambiental?». No solo lo he transformado en pregunta, sino que parafraseé el título utilizando una redacción entendible para mí, antes de comenzar a leer.

Ahora que has organizado los materiales para la planificación del estudio, puedes organizar algunos de los temas que quieras abarcar, como preguntas a responder u objetivos a cumplir. Según el material de origen que hayas preparado y los patrones que pudiste observar, ¿qué respuestas específicas esperas hallar en tus estudios? Escríbelas. Este también es un buen momento para idear una estructura para responder a tus preguntas: ¿un diario, un cuestionario, algún tipo de «rastreador de conocimientos»? No es necesario responder ahora a las preguntas, sino saber cómo las registrarás cuando lo hagas.

En nuestro ejemplo de la historia del cine europeo, si has realizado una investigación superficial en la fase de encuesta, sin duda te has de haber topado más de una vez con nombres como Federico Fellini, Jean-Luc Godard, Luis Buñuel, Fritz Lang, entre otros. Puedes imaginarte que serán figuras importantes a conocer, por lo que podrías hacer preguntas como «¿Por qué Fellini fue tan influyente?», «¿Cuál fue el estilo de Buñuel?» o «¿Qué temas tocó Godard en su cine?». Es posible que hayas encontrado ciertos conceptos o temas recurrentes en relación al cine europeo, como «Nouvelle Vague», «Segunda Guerra Mundial» o «Neorrealismo», por ejemplo. Anótalos como objetivos para tu estudio y organízalos en tu esquema.

Leer. En esta etapa, finalmente estás listo para sumergirte en el material. Debido a que te has familiarizado con el terreno, has formulado algunas preguntas y has establecido metas para tus estudios, estarás más comprometido cuando finalmente te sientes a leer. Busca respuestas a las preguntas que has planteado. Otro aspecto que suele subestimarse en relación a organizarse antes de comenzar a leer, es la ansiedad que se genera para el aprendizaje. Has estado revisándolo todo durante un determinado tiempo, y a esta altura probablemente estés ansioso por sumergirse de una vez por todas y responder las preguntas que has acumulando en tu mente.

Aquí, en este punto, es donde la mayoría de las personas intentan comenzar pero fracasan porque carecen de una base y porque tienen expectativas poco razonables.

Tú estás siendo ordenado y listo para imprimir a tu lectura un ritmo que te permitirá comprender mejor. Esto significa reducir la velocidad, y ser paciente con el material y contigo mismo. Si un pasaje es difícil de entender, léelo muy despacio. Si no entiendes claramente algo, detente, vuelve al principio y reléelo. No es como leer una novela que se devora página a página, estás leyendo información que puede presentarse de manera densa, así que léela lenta y atentamente, una sección a la vez.

Es muy probable es que la lectura sea parte de tu plan de estudio, pero también pueden serlo otros recursos como ayudas visuales, cursos en línea y otros materiales en internet. Úsalos exactamente igual a como usarías un libro en la fase de lectura: de manera ordenada y persistente, con el objetivo de comprender completamente cada concepto. Si te pierdes, recuerda que el botón de retroceso y la barra de desplazamiento son buenos amigos. Planifica tu tiempo de estudio para adquirir un nivel de comprensión lo más completo posible.

En nuestro ejemplo de la historia del cine europeo, esto resulta obvio. Mira tus películas con ojo crítico. En ciertos puntos, es posible que debas rebobinar para captar planos, diálogos o acciones que puedan ser especialmente importantes. Si la película cuenta con una pista de audio con los comentarios del director, sería de fantástica ayuda. Compara las películas con los libros que estás leyendo o los cursos en línea que estás tomando para responder todas las pregunta que puedan surgirte.

Recitar. Este paso es crucial para procesar la información sobre el tema que está aprendiendo, y es la mayor diferencia entre leer para aprender y leer para entretenerse. Ahora que estás familiarizado con el material, el objetivo de la fase de recitado es reorientar tu mente y atención para concentrarte y aprender más plenamente a medida que avanzas. Estamos hablando de un recitado literal.

Haz preguntas en voz alta sobre lo que estás leyendo. En esta etapa has de tomar muchas notas, escribir en los márgenes del texto y subrayar puntos clave. El recitado es verbal y también escrito. Pero es importante que reafirmes cada punto con tus propias palabras, en lugar de copiar frases del libro en otra hoja de papel. Al hacerlo, estás tomando un conocimiento que es nuevo y expresándolo en frases cuyo significado ya conoces. Esto hace que la información sea más fácil de captar en un idioma que comprendes y que le asignes un significado que tiene importancia para ti.

Mi libro de geología tiene márgenes en blanco bastante amplios, por lo que tengo un buen espacio para reformular y reescribir puntos clave, así como resaltar conceptos importantes. Por ejemplo, considera el siguiente texto original:

> «Esta comparación sugiere que el lento progreso de la erosión en colinas y montañas es similar a los cambios mucho más rápidos y observables que se ven a pequeña escala a nuestro alrededor».

Podría reescribir lo anterior de esta manera:

> «Las montañas y colinas experimentan el mismo deterioro que las tierras bajas y los ríos, solo que más lentamente. Algo parecido a lo que sucede con los jugadores de béisbol».

Lo que estoy haciendo aquí es poner un poco de información en dos frases distintas, una de las cuales tuve que inventar yo mismo. Esta es una gran herramienta utilizada para memorizar y una excelente manera de hacer que la información sea más significativa para mí personalmente. También agregué un poco sobre el béisbol porque me gusta el béisbol, y hará que el concepto sea comprensible al instante cuando lo vuelva a mirar. Este proceso, repetido a lo largo de todo un libro, multiplica por sí mismo tu capacidad de aprendizaje.

La fase de recitado en la organización de tus estudios es de gran importancia porque funciona en diferentes medios, y hay muchas formas de expresar tus preguntas y repeticiones.

Volviendo a nuestro ejemplo del cine europeo, si estás viendo «El séptimo sello» de Ingmar Bergman (he aquí un breve resumen: un caballero medieval se encuentra con el ángel de la muerte, e intenta ganar tiempo jugando al ajedrez con él), puedes escribir preguntas sobre sus referencias bíblicas, la dirección de arte, los referentes medievales o la cinematografía.

También puedes elaborar un resumen o hacer un informe en video sobre la película, y abordar las secuencias clave que son más relevantes para tus preguntas. También puedes compararlo con otras películas de Bergman o notar las similitudes de su estilo con otros directores que estás estudiando. Lo importante es que estás tomándote el tiempo para reformular y recitar nuevos conocimientos, y hacerlos significativos para ti.

Repasar. La etapa final del plan EPL2R consiste en revisar el material que has estudiado, volver a familiarizarte con los puntos más importantes y desarrollar sus habilidades para memorizar el material.

Robinson divide esta etapa en días específicos de la semana, pero solo mencionaremos algunas de las tácticas en general. Estas incluyen escribir más preguntas sobre las partes importantes que has resaltado, responder oralmente algunas de las preguntas si puedes, revisar tus notas, crear tarjetas didácticas para conceptos y terminología importantes, reescribir la tabla de contenido con tus propias palabras y construir un mapa mental. Cualquier práctica que te ayude a profundizar, asimilar y memorizar información es correcta (aunque las tarjetas didácticas son especialmente eficaces).

Este paso está destinado a fortalecer tu memoria en relación con el material, pero hace más que eso. Puede ayudarte a encontrar conexiones y similitudes entre diferentes aspectos que quizás no hayas captado al principio, y ubicar conceptos e ideas en un contexto más amplio. También puede mejorar tus habilidades de organización mental para que utilices esta práctica en otros temas.

Piensa en este paso como la continuación natural del paso de la encuesta. En este punto, has obtenido una descripción general del campo, te has adentrado en el meollo de la cuestión y ahora debes dar un paso atrás, reevaluar y hacer conexiones actualizadas, más precisas y reveladoras. Combina eso con la memorización, y tu camino hacia el autoaprendizaje y la experiencia se convierte esencialmente en un atajo.

Mi libro de geología es ampliamente nutrido en términos que se podrían poner en tarjetas: «monoclinal», «estratificación», «socavación glacial»... Ve a buscar tu marcador ya mismo. Aunque también podría dibujar el proceso de glaciación en un diagrama de flujo u otro medio gráfico. Podría hacer una línea de tiempo de las edades de la tierra y vincularla con los cambios geológicos más significativos que tuvieron lugar en cada era. También puedo anotar las preguntas que me surgieron y que el libro dejó sin respuesta, o que me hicieron querer investigar más a fondo.

Puedes utilizar la mayoría de los elementos de la fase de revisión del libro para planificar tu estudio de la misma manera. En nuestro ejemplo del cine europeo, podrías crear un catálogo o una base de datos de directores europeos que describa su trabajo, sus tópicos principales o sus elecciones estilísticas. Puedes elaborar tarjetas didácticas que te ayuden a recordar las facetas importantes de distintos géneros europeos como el neorrealismo, el giallo, el spaghetti Western o el cinéma du look. Y, claro está, puedes llevar un diario de lo que has aprendido, ya sea en forma escrita o mediante alguna expresión audiovisual.

El método EPL2R no es un chiste. Es exhaustivo y detallado, y requerirá paciencia y una organización aguda para llevarlo a cabo. Si eres paciente y dedicado para tomar cada paso lentamente y en serio, te resultará increíblemente útil para abordar cualquier tema complejo. Y cada vez que lo hagas, será un poco más fácil que la anterior.

Al explicar el método EPL2R, analizamos brevemente el papel de la organización y de las notas, y cómo estas impactan en el autoaprendizaje. Al fin y al cabo, no puedes organizarlo todo solamente en tu cabeza y esperar que sea efectivo. Cuando finalmente necesites escribir lo que has aprendido u organizado, existe un método específico para tomar notas que te resultará más beneficioso.

Notas Cornell

El método más famoso para tomar notas es el de Cornell, y sus elementos tienen relación con lo que hemos visto anteriormente. A continuación, describiremos su funcionamiento.

Toma una hoja para tomar notas manuscritas (escribir a mano es la clave), divídela por la mitad, en dos columnas. Haz que la columna de la derecha sea de aproximadamente el doble de tamaño de la columna de la izquierda. Etiqueta la columna de la derecha como «Notas» y la columna de la izquierda como «Ideas».

Deja unos cinco centímetros en blanco en la parte inferior de la página y etiqueta esa sección como «Resumen».

Ahora cuentas con tres secciones distintas, pero solo tomarás notas en la sección de la derecha. En ese espacio llamado «Notas» harás las anotaciones habituales sobre los conceptos generales, añadiendo detalles complementarios de la manera más concisa posible. Escribe todo lo que debas apuntar para hacer una evaluación exhaustiva de lo que estás aprendiendo. Asegúrate de dejar algo de espacio entre cada nota para poder añadir más detalles y aclaraciones más adelante. Dibuja gráficos y diagramas, haz listas cuando sea oportuno y ejecuta tu mejor esfuerzo para capturar lo verdaderamente importante.

No es necesario que pienses en la organización o en resaltar mientras toma las notas iniciales. Solo escribe lo que escuches o leas, y describe una imagen lo más completa posible. Registra tanto como seas capaz en la columna de la derecha, pues en este punto tu interés debe concentrarse en capturar información. No discrimines. Cuando vuelvas a repasar las notas, podrá diferenciar lo que es verdaderamente necesario e importante.

Una vez que hayas terminado de tomar notas, pasa al lado izquierdo, a la sección «Ideas». Aquí es donde se filtra y analiza cada punto o concepto de la sección de notas. Deberás escribir las partes importantes en la sección de ideas. Si el lado «Notas» es más un lío confuso, el lado de «Ideas» es un relato relativamente organizado del tema en cuestión. Básicamente, la misma información se encuentra en ambos lados.

Resume cinco oraciones de notas normales, en una o dos oraciones que contengan un punto principal y detalles complementarios. Con suerte, tendrás a la derecha hay un revoltijo de escritura desordenada, mientras que a la izquierda verás un conjunto organizado y resumido. En este punto, ya habrás alcanzado el segundo nivel en la toma de notas, como mencionamos anteriormente. Ya has ascendido un nivel en relación a los que solías hacer, por lo que ya estás en condiciones de hojear el papel y saber instantáneamente de qué se tratan las notas.

Finalmente, una vez que hayas terminado con los lados «Notas» e «Ideas», ve a la sección «Resumen» en la parte inferior.

En esta sección, intentarás resumir todo lo que acabas de anotar en algunas ideas y argumentaciones más complejas, recurriendo a los datos complementarios importantes o las excepciones a las reglas. El objetivo es decir mucho con la menor cantidad de palabras posible ya que, al revisar tus notas, querrás comprender rápidamente y no tener que deconstruir y analizar todo de nuevo.

Tu intención será poder hojear las secciones «Resumen» e «Ideas» y estar en condiciones de continuar. Donde antes hubo una página llena de notas desordenadas, ahora cuentas con una pequeña sección de resumen que te permitirá comprender la nueva información de manera instantánea. También te permitirá memorizar de manera más efectiva, ya que solo se trata de unas pocas oraciones en comparación con una página entera que tendrías que analizar cada vez.

Como ejemplo rápido, ¿qué te parece si repasamos lo que hemos estado hablando en esta lección? Supongamos que estamos tomando notas Cornell sobre este concepto en sí mismo. En el lado derecho estará todo lo que alcances a anotar. No será palabra por palabra, sino que muy probablemente escribas frases cortas.

Pero no está demasiado organizado, es una buena cantidad de información basada en lo que has escuchado. En el lado izquierdo, tendrás algunas frases más cortas, como las cuatro etapas de las notas y lo que sucede en cada etapa, cómo funcionan las notas Cornell y su importancia para aprender mejor.

Luego, en la sección «Resumen» deberías resumir todo lo que has aprendido de esta lección en una o dos oraciones: *hay cuatro etapas en el aprendizaje: tomar notas, editar, analizar y reflexionar.* Las notas Cornell te obligan a transitar por las cuatro etapas y te ayudan a organizar la información en tres secciones con el objetivo de reforzarla.

Ha creado tu propia guía de estudio. Mejor aún, cuentas con todo el proceso utilizado documentado en la misma página, desde las notas originales hasta la síntesis y el resumen. Tienes un registro que te permitirá ir tan profundo como quieras o referirte a lo que quieras. Lo más importante es que has creado algo que posee un significado personal para ti, porque lo has redactado de una manera en que tiene sentido. Estás haciendo que la información se ajuste a tu esquema mental, no al revés.

En general, tomar notas no es una actividad pasiva y perezosa. Ese es el verdadero secreto. Las notas están pensadas para servir como algo a lo que puedas recurrir, y a partir de las cuales comprender instantáneamente y hallar utilidad, en lugar de tener que descifrarlas. Esto no funcionaría si tuvieses que intentar comprender la manera de estructurar u organizar de otra persona.

Peter Brown, autor del libro «Apréndetelo: La ciencia del aprendizaje exitoso», simplifica este punto sobre las notas, afirmando que cuando no se pone ningún esfuerzo en el proceso de aprendizaje, no dura mucho.

Brown cita un estudio en el que a los estudiantes se les permitió copiar notas palabra por palabra sobre un material, mientras que se les pidió reformular otro material con sus propias palabras. Al momento de ser evaluados, los estudiantes exhibieron un mejor desempeño recordando el material sobre el que habían anotado usando sus propias palabras.

Puede ser conveniente tanto para estudiantes como para profesores acudir a notas escritas para las clases, charlas o conferencias. Pero la falta de esfuerzo perjudicará al estudiante. De hecho, cuanto menos esfuerzo realice y menos participación tenga un estudiante en el proceso de aprendizaje, peor le irá.

Tus notas representan la manera en que tu cerebro procesará, comprenderá e internalizará la información. Eso significa que debes asegurarte una buena base para comenzar.

La mejor práctica final sobre la interacción con la información para los autodidactas es el arte de la autoexplicación. Este elemento puede resultarte familiar en relación con el método EPL2R ya visto, específicamente con el paso relativo a Recitar.

Autoexplicación

La autoexplicación suena simple, pero hay un método para la simplicidad. Es más que pensar en voz alta. Implica explicar y articular información para establecer una base de conocimientos e identificar puntos ciegos.

Los puntos ciegos se refieren al hecho de no darnos cuenta de lo que no sabemos. Pero con la autoexplicación descubrirás rápidamente lo que no comprendes, y quizás sea mucho más de lo que creías. Así es como a veces sucede en la vida misma.

Si has estado cerca de niños menores de siete años, es posible que hayas presenciado (o experimentado, si eres padre) el fenómeno de «la cadena del por qué», que es cuando los niños lanzan una pregunta inicial sobre el mundo, por ejemplo, «¿De dónde viene la lluvia?», y después de escuchar nuestra respuesta («De las nubes»), continúan por un camino incesante de preguntas («¿Por qué las nubes no se guardan la lluvia?», «¿Por qué las nubes no caen sobre la tierra con la forma de nube?», etcétera).

Sí, esta línea de cuestionamiento puede ser una receta para el tedio, pero a la vez refleja la curiosidad innata e infinita de un niño.

La «interrogación elaborativa» tiene algo en común con ese interrogatorio infantil, con la salvedad de que se relaciona con temas más avanzados que los adultos (con suerte) suelen investigar. En pocas palabras, la interrogación elaborativa constituye un esfuerzo por crear explicaciones de por qué los hechos declarados son verdaderos. Esto es lo que favorece tu comprensión del hogar, así como ayuda a identificar lo que no comprendes.

En la interrogación elaborativa el alumno se pregunta cómo y por qué funcionan ciertos conceptos. Nada está a salvo de esta pregunta. Revisa sus materiales de estudio para hallar las respuestas y trata de encontrar conexiones entre todas las ideas que está aprendiendo. ¿Puede responder preguntas sencillas o al menos comprender cuál es la respuesta más probable?

Las preguntas de «por qué» son más importantes que las preguntas de «qué», que se relacionan principalmente con la naturaleza de la identificación y la memorización. Una secuencia de «por qué» provoca una mejor comprensión de los factores y las razones de un tema determinado. Podemos memorizar todas las partes de una flor, el pétalo, el estambre, el pistilo, etc., pero las denominaciones nombres por sí solas no significan nada para nosotros. Tenemos que preguntarnos qué función cumple cada parte y cuál es su aporte a la vida de la flor.

Este método es efectivo porque es simple y cualquiera puede aplicarlo. Sin embargo, la interrogación elaborativa requiere de cierto conocimiento preexistente sobre el tema para generar preguntas sólidas.

Supón que estás aprendiendo sobre la Gran Depresión de la década de 1930, la interrogación elaborativa podría proceder de la siguiente manera:

- Lo primero que preguntarías sería: *¿Qué fue?* Fue el mayor colapso económico en la historia del mundo industrializado.

- *¿Qué causó la Gran Depresión?* Algunos eventos clave, como la caída de la bolsa de valores en octubre de 1929, la quiebra de más de 9.000 bancos, la disminución del consumo, los altos impuestos a las importaciones de Europa y la sequía en el sector agrícola.

- Hablemos del desplome del mercado de valores. *¿Por qué sucedió?* La preocupación de algunos expertos por la ventas de margen, las caídas en el mercado de valores británico, la especulación descontrolada y algunas prácticas comerciales cuestionables en la industria del acero.

- *¿Qué es la venta de margen? ¿Cómo funcionaba y por qué fue un problema?* La venta de margen (o negociación de margen) es cuando un inversor pide prestado dinero a un corredor para comprar acciones. Tantos inversores utilizaron este mecanismo, que la mayoría de las compras de acciones se hacían con dinero prestado. Funcionó tan bien que los precios de las acciones subieron y, cuando estalló la burbuja de activos, los precios cayeron. Dado que el inversor no tenía fondos para pagar el préstamo, tanto el corredor como el inversor carecían de beneficio.

Y la cadena de preguntas continúa a partir de ahí. Utiliza tus materiales de estudio para responder las preguntas de «por qué» y «cómo». Una vez que hayas obtenido suficientemente respuestas, vuelve a los otros aspectos de la Gran Depresión y el colapso del mercado de valores, y determina cómo se relaciona cada aspecto entre sí: *¿Cómo afectó la venta de margen a los bancos? ¿Cómo se relacionó la venta de margen con la disminución del consumo? ¿La sequía afectó el comercio con Europa?*

El objetivo general de la interrogación elaborativa es asegurarte de que no queden agujeros en tu comprensión. Si puedes sobrevivir a tus propios interrogatorios, es probable que puedas sobrevivir a las pruebas y los exámenes de otras personas cuando sean requeridos. Puedes comenzar con las preguntas periodísticas (quién, qué, dónde, cuándo, por qué y cómo), y luego pasar a las preguntas contextuales (cómo sucedió esto y qué sucedió después) para un mejor y más completo comienzo de comprensión.

La variedad de temas a los que puedes aplicar la interrogación elaborativa es prácticamente ilimitada. Por ejemplo, los estudiantes de matemáticas pueden usarlo para desglosar cálculos avanzados y establecer patrones que podrían ayudar en matemáticas de nivel superior. Si estás estudiando biología humana, puedes usar esta técnica para identificar las causas de condiciones médicas como el colesterol alto o la arritmia cardíaca. Finalmente, los estudiantes de literatura pueden usar la técnica para estudiar motivaciones, tendencias, temas y estilos en el trabajo de un autor en particular.

Si lo miras bien, la interrogación elaborativa es una forma de autoexplicación. Te estás cuestionando a ti mismo y te estás poniendo a prueba en cuanto a si puedes responder o no. Ella debería ayudarte a identificar qué hechos te faltan conocer o dónde están tu problemas de comprensión. Por supuesto, tener conocimientos es importante para aprender, pero no tener puntos ciegos es igualmente importante.

La técnica Feynman

La interrogación elaborativa es un método para hacerse preguntas cuyo objetivo es ver la imagen completa a partir de un fragmento de información. Se pueden utilizar tanto las preguntas periodísticas como las preguntas contextuales y de antecedentes.

La técnica Feynman, llamada así por el físico ganador del premio Nobel Richard Feynman, es otra manera de preguntarse a uno mismo. Conocido como el "Gran Explicador", Feynman era admirado por su capacidad para ilustrar con claridad temas densos como la física cuántica ante prácticamente cualquier auditorio. En la conferencia perdida de Feynman: «El movimiento de los planetas alrededor del sol», David Goodstein escribe que Feynman se enorgullecía de poder explicar las ideas más complejas en los términos más simples. Aquello se debía gracias a sus propias técnicas de estudio como estudiante en la Universidad de Princeton, método que había perfeccionado como educador y profesor de física.

La mayoría de nosotros sostenemos algún tipo de monólogos internos durante la mayor parte del día. Verbalizar estas conversaciones en el contexto de la resolución de problemas estimula una atención más consciente sobre cómo trabaja la mente alrededor de un problema.

Si se lleva a cabo correctamente, la técnica Feynman te hará saber si realmente comprendes un tema o si has pasado por alto ciertos conceptos importantes. También es adecuada para casi todos los temas imaginables, lo que te permite identificar las lagunas en tus conocimientos y aquellos elementos que aún deben conectarse.

Si crees que tus explicaciones son largas o incoherentes, es posible que no hayas comprendido el tema tan bien como creías.

La técnica Feynman es especialmente útil en temas científicos o tecnológicos, pero se adapta a cualquier tema. Los estudiantes de literatura pueden usarla para delimitar temas, los historiadores para explicar hechos y relaciones históricas, y los estudiantes de educación cívica para comprender las condiciones de vida o los problemas urbanos; realmente no hay restricciones en su uso. Solo debes responder con honestidad las preguntas que te haces y verás rápidamente dónde enfocar tu atención.

La técnica Feynman es una aplicación específica de la interrogación elaborativa. Recuerda, el objetivo no responder a las preguntas, sino descubrir lo que no puedes responder. Esa es la información que proporciona. La técnica contiene cuatro pasos, a saber:

Paso uno: Elije tu concepto.

La técnica Feynman es muy versátil, así que elijamos un concepto que podamos usar a lo largo de esta sección: la gravedad. Supongamos que queremos entender los conceptos básicos sobre la gravedad o explicárselo a otra persona. Obviamente, esto puede diferir dependiendo de lo que esté aprendiendo en este momento.

Segundo paso: Escribe una explicación del concepto en un lenguaje sencillo.

¿Puedes hacerlo? ¿Te resulta fácil o difícil? Este es el paso verdaderamente importante porque te permitirá saber exactamente lo que sabes y lo que no entiende sobre el concepto de la gravedad. Explícalo de la manera más simple y precisa, para que alguien que no sepa nada sobre el concepto también lo entienda.

Volviendo al concepto que estamos utilizando como ejemplo, ¿cómo definirías la gravedad? ¿Es algo relacionado con la atracción que ejercen las grandes masas? ¿Es algo que nos hace caer? ¿O tiene relación con cómo se formó nuestro planeta? ¿Puedes definirla o solo te sale decir: «Bueno, pues... tú sabes ¡la gravedad es la gravedad!».

Este paso te permite encontrar tus puntos ciegos y dónde tu explicación comienza a desmoronarse. Si no puedes realizar este paso, entonces queda claro que no sabes tanto sobre el concepto como creías, y sería terrible explicárselo a otra persona.

Quizás puedas explicar qué sucede con los objetos que se ven afectados por la gravedad y qué sucede cuando hay gravedad cero. Quizás también puedas explicar las causas de la gravedad. Pero quizás todo lo que sucede en el medio sea algo que das por entendido y realmente no sepas de qué se trata.

Paso tres: Encuentra tus puntos ciegos.

Si no lograste desarrollar una breve descripción del concepto de gravedad en el paso anterior, entonces está claro que tienes grandes lagunas en tus conocimientos. Investiga la gravedad y encuentra una forma de describirla de forma sencilla. Podría resultar algo así como «Es la fuerza que hace que los objetos más grandes atraigan objetos más pequeños debido a su masa y peso». Lo que sea que no puedas explicar, eso constituye un punto ciego que debes aclarar.

Ser capaz de analizar información y desglosarla de forma sencilla demuestra conocimiento y comprensión del tema. Si no puedes resumirlo en una oración, o al menos de una manera breve y concisa, significa que todavía tienes puntos ciegos sobre los que debes aprender. Con esta técnica podrás encontrarlos fácilmente y asegurarte de comprender cabalmente los conceptos sobre los que estás tomando notas y aprendiendo. Te animo a que te tomes un segundo y lo pruebes ahora mismo. ¿Qué concepto aparentemente simple puedes intentar explicar? ¿Realmente puedes hacerlo o revela una falta de comprensión en algún punto del proceso?

Paso cuatro: Usa una analogía.

Finalmente, debes crear una analogía para el concepto. ¿Cuál es el propósito de este paso? Es una extensión del paso tres. Hacer analogías entre conceptos requiere una comprensión de los rasgos y características principales de cada uno. Este paso es para demostrar si realmente lo entiendes o no en un nivel más profundo y con el fin de facilitar la explicación. Puedes considerarlo como la verdadera prueba de tu comprensión y la verificación de si todavía tienes puntos ciegos en tu conocimiento.

Por ejemplo, la gravedad es como cuando introduces un pie en una piscina y las hojas caídas en la superficie del agua se ven atraídas por él, ya que el pie causa un impacto que es apenas visible. Ese impacto es la gravedad.

Este paso también conecta información nueva con información anterior, y te permite aprovechar un modelo mental funcional para comprender o explicar con mayor profundidad. Por supuesto, es poco probable que puedas hacer el paso cuatro si no puede hacer los pasos dos y tres, pero a veces puedes hacer los pasos dos y tres, y descubrir que no puedes hacer el paso cuatro.

La técnica Feynman es una forma rápida de descubrir lo que sabes frente a lo que crees saber, y te permite consolidar tu base de conocimientos. Cuando sigues explicándote y simplificándote, y descubres que ya no puedes, acabas de descubrir que no sabes tanto como creías.

Recuerda, se trata de una extensión de la interrogación elaborativa, donde te evalúas a ti mismo haciéndote preguntas mediante las cuales puedes demostrar tu comprensión o tu falta de ella.

Conclusiones:

- Interactuar con la información consiste en tomar algo que está en la página o la pantalla, entenderlo y convertirlo en algo útil para ti. En otras palabras, eso es aprender, pero hay mejores prácticas para adoptar fuera del entorno tradicional del aula.

- Primero está el método EPL2R. Úsalo. Significa encuestar, preguntar, leer, recitar y repasar. No es solo un proceso para atacar un libro, sino más bien un plan para atacar disciplinas, campos enteros de conocimiento y lo que sea que estés intentando aprender por ti mismo. La mayoría de las personas usarán algunos elementos del método EPL2R, como leer y repasar, pero sin los otros pasos resulta más difícil lograr una comprensión profunda.

- En segundo lugar, están las notas Cornell. Utilízalas. Las notas Cornell dividen la forma de tomar notas en tres partes: Notas, Ideas y Resumen. De esta manera, creas tu propia guía de estudio con la posibilidad de ahondar en los detalles que desees cuando lo desees. Y repasar la información tres veces no te hará daño.

- Finalmente, está la autoexplicación. Hazla. Cuando nos vemos obligados a tratar de explicar conceptos a través de la auto-indagación, rápidamente descubrimos lo que sabemos y lo que no sabemos. Aquello que no sabemos toma el nombre de puntos ciegos y son mucho más comunes de lo que nos gustaría suponer. ¿Puedes explicar por qué el cielo es azul o cómo funciona la gravedad? Probablemente creas que entiendes esos conceptos. La técnica Feynman es una rama de la autoexplicación que también ayuda a encontrar puntos ciegos, con el componente adicional de utilizar la analogía para explicar lo que crees saber.

Capítulo 3. Leer más rápido y retener más

En el capítulo anterior vimos cómo consolidar tu comprensión de nueva información. Repasamos varias técnicas científicamente diseñadas para ayudarte a entender mejor y a identificar lo que no sabes.

El siguiente paso en nuestra búsqueda de aprendizaje es leer.

Lees desde la infancia, entonces ¿qué hay que aprender al respecto? Pues, es posible que nunca hayas aprendido a leer de manera rápida y eficiente, sino que hayas aprendido a hacerlo para salir del paso. Leer mejor para retener más información es una habilidad especial. No es solo la absorción pasiva de información a la que te has acostumbrado.

Lo más probable es que, sea lo que sea que estés aprendiendo, eventualmente tendrás que leerlo. Cuanto más leas, mejor, eso significa que cuanto más rápido y más eficientemente leas, más rápido y más eficiente será tu aprendizaje. ¿Cómo lo logramos?

En ocasiones, uno puede convertirse en un experto en un tema específico con solo leer lo suficiente sobre él. Pero a pesar de la indiscutible importancia de la lectura, la mayoría de la gente es dramáticamente ineficiente al leer. Como un niño que nunca pasa de gatear, la mayoría de las personas cuentan con una habilidad lectora que les permite moverse, pero están lejos de poder correr.

El adulto promedio lee a una velocidad de 300 palabras por minuto. Existen pruebas de lectura y comprensión en línea para evaluar tus habilidades, en caso de estar interesado en conocer tu ritmo de palabras por minuto. De acuerdo con una prueba de lectura realizada por Staples, esta es la cantidad de palabras por minuto que la gente lee en promedio:

- Estudiantes de tercer grado: 150 palabras por minuto
- Estudiantes de octavo grado: 250 palabras por minuto
- Adulto medio: 300 palabras por minuto
- Estudiante universitario medio: 450 palabras por minuto
- Ejecutivo de negocios promedio: 575 palabras por minuto
- Profesor universitario medio: 675 palabras por minuto

Obviamente, esto no es tan bueno para nuestra búsqueda de autoaprendizaje. Piensa en cuán diferente sería si lograras añadir 100 palabras por minuto. Podrías terminar un libro entre un 25% y un 33% más rápido. Podrías dedicar más tiempo a lo que verdaderamente importa, analizar y pensar en la información en lugar de absorberla, o simplemente a tus otras actividades y pasatiempos.

Este capítulo tratará de enseñarle a leer más rápido y a retener más, aprovechando lo mejor de ambos aspectos. Es importante tener en cuenta que la lectura rápida entendida como la capacidad para leer un libro en cuestión de minutos es en gran medida un mito. Solo algunos pocos genios pueden hacerlo, pero la gran mayoría de los cerebros humanos no pueden procesarlo todo con la velocidad de una computadora.

Cubriremos cuatro de los principales consejos para aprender a leer más rápido y, al mismo tiempo, retener más información. Verás por ti mismo (¡eventualmente, no de inmediato!) que la lectura rápida en sí no es un mito y que puedes usarla en tu búsqueda de un mejor aprendizaje. Lo que viene es lo siguiente: cómo dejar de subvocalizar, cómo entrenar los ojos para que se abran y expandan, cómo buscar estratégicamente información importante y cómo mantener un mejor enfoque y atención. Empezaremos por las subvocalizaciones.

Detener las subvocalizaciones

¿Qué son las subvocalizaciones?

Es probable que cuando aprendiste a leer, lo hicieras en voz alta. Tu maestro de escuela primaria te pedía que leyeras el libro para todos. Una vez que aprendiste a hacerlo, se te dijo que a partir de allí podías seguir leyendo las palabras dentro de su cabeza, en silencio.

Cuando leemos, solemos estar limitados por el tiempo que le toma a nuestro inconsciente pronunciar las palabras de la página. No las decimos en voz alta, pero nuestra mente sí las lee: esto se conoce como «subvocalizar» y es el punto donde suele terminar la educación.

Para pasar a un nuevo nivel, debes dejar de pronunciar las palabras dentro de tu cabeza. Subvocalizar lleva tiempo, más tiempo del necesario para comprender las palabras que se están leyendo. Si se subvocaliza es casi imposible superar las 400 o 500 palabras, pues parecerá que estamos a punto de sufrir un ataque al corazón al hablar tan rápido dentro de nuestra mente.

Cuando pronunciamos una palabra en voz alta, necesitamos cierto tiempo para hacerlo. Sin embargo, no necesitamos pronunciar las palabras cuando las leemos. Solo necesitamos absorberlas o incorporarlas. Pero debemos entrenar para leer sin escuchar las palabras en nuestra cabeza.

Si una persona lee mil palabras por minuto (algo posible y para lo cual se puede entrenar), no hay forma de que escuche todas esas palabras en su cabeza al tiempo que intenta procesarlas. En cambio, solo ve la palabra y su cerebro extrae el significado de lo que está escrito. Se debe procesar el significado sin pronunciar las palabras. Esta es la esencia de detener las subvocalizaciones, aunque no resulte sencillo pues es un hábito difícil de abandonar.

Dado que la mayoría de las personas no pueden separar la subvocalización de la comprensión, se ven limitadas a una velocidad de aproximadamente 400 a 500 palabras por minuto. Ir más allá de ese ritmo requiere aceptar que tu mente y tus ojos leen más rápido que tu boca.

Empieza por seleccionar cualquier palabra de un párrafo y mírala por un momento en total silencio. Mírala y, en lugar de repetir la palabra mentalmente, piensa en lo que representa y significa. Piensa en su significado. Intenta describirla mentalmente en lugar de pronunciarla en tu cabeza. Aún te quedarán vestigios de subvocalización, pero con solo observar las palabras sin el deseo de pronunciarlas, el nuevo hábito comenzará a formarse por sí solo.

Esta parte puede resultar incomprensible o abstracta al principio, y eso es totalmente normal. Puede parecerte imposible, y eso también es natural, porque estás modificando la forma en que recibes la información. Solo preocúpate por mirar las palabras evitando el deseo de escuchar cómo suenan.

A continuación, elige una oración o escríbela tú mismo. Ahora, en lugar de subvocalizar al leer, deberás intentar algunas cosas para ver si funcionan.

Primero, imagínala visualmente en tu mente. En segundo lugar, canturrea mientras la lees, de modo que no puedas leerla debido a que, literalmente, estás canturreando. En tercer lugar, simultáneamente, practica la lectura mascando chicle con la misma premisa de dificultar la subvocalización inconsciente. Estás ocupando tu voz interior con otra cosa, pero dando lugar al procesamiento.

Por ejemplo, elige una oración como «Vienen las abejas». Visualiza cómo se ve la acción en lugar de pronunciar las palabras en sí. Así se empieza.

Las subvocalizaciones pueden ser difíciles de eliminar, pero así como está claro que se puede pensar más rápido de lo que se puede hablar, se puede deducir entonces la importancia de leer más rápido.

El siguiente paso para leer más rápido es entrenar y ejercitar los ojos, ponerlos en forma. Tus ojos son músculos, así que debes entrenarlos para la mayor carga de trabajo que les vas a dar.

Entrenar tus ojos

El siguiente paso para aprender a leer más rápido y de manera más eficiente es entrenar la vista. Tus ojos son músculos, por lo que deben entrenarse y prepararse para leer más rápido pues, obviamente, se trata de una carga de trabajo mayor a la que tus ojos están acostumbrados. Si lees por placer, es posible que tus ojos apenas se muevan, pero la lectura rápida es una actividad de concentración que requiere tiempo y esfuerzo, y que trae grandes beneficios.

Con la llamada lectura normal, tus ojos no permanecen fijos en un solo lugar. Los estudios de seguimiento ocular han demostrado que tus ojos en realidad tiemblan y se mueven considerablemente. A este movimiento se le llama «sacádico». Por cada movimiento para alejarse de su posición en el texto se requieren unos milisegundos para reajustar y reenfocar. Todos estos reajustes minúsculos para ubicar un lugar en un libro impactan en tu velocidad de lectura.

De modo que, en realidad, no debes entrenar los ojos para moverlos más, sino para que se muevan menos y de una manera más controlada, con el fin de no desperdiciar energía y esfuerzo. Es más fácil de lo que piensas, aunque al principio puede hacerte sentir como si estuviera de regreso en la escuela primaria.

Hay dos maneras de hacerlo. La primera es usar tu dedo, o cualquier otro objeto, como puntero. La segunda es fortalecer tu visión periférica y aprender a concentrarte en fragmentos de palabras en lugar de palabras enteras.

Usar un dedo para guiarse mientras se lee es un método usualmente reservado a los niños y que luego se olvida una vez que estos aprenden a leer. Los mantiene concentrados y evita que se distraigan y desperdicien energía.

Este truco vuelve a ser útil cuando quieres aprender a leer velozmente. Utiliza tu dedo índice para marcar por dónde vas en la página en todo momento. Debes seguir palabra por palabra, desplazarte lentamente por cada línea y seguir renglón abajo. Puede parecer incómodo al principio e incluso ralentizar temporalmente tu velocidad de lectura, pero usar un puntero es fundamental si deseas mejorar tu aptitud lectora.

Al mover el dedo más rápido de lo que realmente puedes leer, tus ojos se acostumbran a ver el texto más rápido de lo que tu cerebro puede procesar lo que está escrito. Esto romperá tu apego a la subvocalización y te permitirá aumentar fácilmente tu velocidad de lectura a medida que logres práctica.

Tu objetivo es mover el puntero a un ritmo constante, sin detenerte ni reducir la velocidad. Deslízate de un lado a otro del texto una velocidad uniforme.

Continúa y pruébalo ahora mismo con cualquier texto escrito que tengas frente a tus ojos. Puede pausar esta lección unos minutos para probarlo. Puede que te sientas algo tonto, pero descubrirás que usar un dedo enfoca los movimientos de tus ojos y acelera tu velocidad.

Una de las revelaciones más significativas en tu camino a convertirte en un lector veloz será notar cuánto se mueven tus ojos al leer. En una persona promedio, los ojos no pueden moverse en una sola dirección sin retroceder. Si prestas atención a tus ojos, comenzarás a notar la frecuencia con la que estos retroceden, avanzan, y otra vez retroceden. A la larga, esto agrega horas enteras a tu tiempo de lectura e incluso puede hacer que nunca termines el libro.

La segunda parte de ejercitar tus ojos, luego de usar un puntero y calmar el exceso de movimientos oculares, es lidiar con la fijación. La fijación ocular se refiere al lugar en la página donde tu ojo se detiene. Los lectores que hacen menos fijaciones oculares leen más rápido porque absorben más palabras entre cada fijación.

Cuanto más amplia sea tu visión, más palabras podrás procesar en cada fijación ocular y más rápido podrás leer y, por consiguiente, menos fijaciones oculares realizarás en una página determinada. Entonces, para lidiar con la fijación ocular, debemos ampliar cuánto podemos ver a la vez. Adquirir la capacidad de ver muchas palabras a la vez es esencial para la lectura rápida. El objetivo es dejar de mirar una sola palabra por vez y, en su lugar, aprender a mirar fragmentos de palabras.

Esto significa que estás intentando fortalecer tu visión periférica. La visión macular es tu enfoque principal. Cuando miras algo directamente, lo ves con tu visión macular. La visión periférica es lo que se ve con menos claridad por fuera de tu visión macular. Debido a que las células receptoras de la retina se concentran en el centro, los colores y las formas son más difíciles de distinguir en la visión periférica, aunque el movimiento se pueda captar rápidamente.

Pero se puede ver a la izquierda, a la derecha, arriba y abajo del área delimitada por tu visión macular. El objetivo es mejorar tu visión periférica para leer más rápido y reducir las fijaciones oculares, así que ejercita tus ojos para lograrlo.

Hay seis músculos unidos a cada uno de tus ojos. Estos músculos controlan todos los movimientos que hacen tus ojos, incluidos aquellos que hacen que veas hacia arriba, hacia abajo y a los costados. Los músculos oculares también ayudan a que los ojos se enfoquen en objetos cercanos y lejanos. Al igual que cualquier otro músculo de tu cuerpo, el ejercicio ayuda a que los músculos de tus ojos ganen fuerza y flexibilidad. Y al igual que otros músculos, existen ejercicios especialmente diseñados para desarrollar la fuerza y la flexibilidad de los músculos oculares.

A continuación, veremos un ejercicio muy simple para ayudar a desarrollar la flexibilidad de los músculos del ojo y mejorar su velocidad de lectura.

Para comenzar, siéntate o ponte de pie y enfoca tu visión hacia adelante. Luego, estira cada mano hacia un lado, como simulando la figura de un avión. Levanta los pulgares y mantén esa postura.

Luego, manteniendo la cabeza recta, mueve los ojos hacia la derecha hasta ver tu pulgar. Si no puedes verlo, estira los ojos hacia el lado derecho lo más que puedas. Luego, mira a la izquierda asegurándote de mantener la cabeza quieta y al frente. Repite. Trata de no mover la cabeza, solo los ojos, de modo de estirarlos a cada lado y así hacer trabajar los músculos involucrados.

Continúa mirando de derecha a izquierda y de izquierda a derecha nueve veces más. Debes completar una serie de 10 repeticiones. Repite la serie de 10 miradas a cada lado hasta alcanzar un total de tres series. Sentirás tus ojos cansados al final, y quizás una sensación extraña.

Tal vez no lo parezca, pero este acto de estirar y trabajar los músculos de los ojos ampliará tu esfera de visión. Cuando antes solo podías concentrarte en una palabra por vez, ahora tienes la capacidad de enfocarte visualmente en dos o tres. A medida que los músculos periféricos de tus ojos se fortalezcan, es posible que llegues a ver una línea completa de texto de un vistazo. Si logras ver dos palabras a la vez, consecuentemente habrás duplicado tu velocidad de lectura. Esta técnica, junto con el uso de un dedo índice o puntero, te ayudará enormemente a leer mejor.

El siguiente paso para leer mejor consiste en extraer información de manera estratégica, sabiendo qué buscar y qué omitir.

Ojear estratégicamente

El siguiente paso para poder leer más rápido es comprender cómo ojear estratégicamente el material de lectura, una vez que hayas logrado detener las subvocalizaciones y entrenado sus ojos. En general, el acto de ojear suele tener una connotación negativa, pues lo usamos cuando estamos apurados o queremos ganar tiempo y solo podemos mirar la primera oración de cada párrafo o echar un vistazo superficial al texto. En este caso, no nos estamos refiriendo a esa manera de ojear.

En principio, no toda la información se presenta de igual forma, incluso al interior de las oraciones y los párrafos. Hay algunas cosas destinadas a hacernos perder el tiempo al leerlas, razón por la cual debemos aprender a identificar qué omitir, en qué enfocarnos y cómo administrar el conjunto. Ojear aquí significa ahorrar tiempo y lograr interpretar lo que tienes frente a ti.

El objetivo de ojear ha de ser incorporar tanta sustancia como se pueda, pero quitando la grasa. Ojear suele suponer omitir aproximadamente el 75% del contenido, pero aquí solo omitiremos el 25%. ¿Cómo lo lograremos? Hay tres métodos relacionados entre sí.

Primero, lee a partir de la tercera palabra contando desde el margen izquierdo, y detente en la tercer palabra antes de llegar al margen derecho.

Usualmente, comenzamos a leer la primera palabra a la izquierda de la página y vamos hasta la última palabra a la derecha. Nos han enseñado a ser minuciosos y a no dejar piedra sin remover. Pero aquí está el truco: comienza con la tercer palabra desde la izquierda y detente tres palabras antes de llegar al final, de ese modo tu visión periférica podría captar las dos primeras y las dos últimas palabras automáticamente.

En una línea de 10 palabras, esta técnica te permitirá «leer» sólo seis palabras y ahorrar un 40% de esfuerzo y tiempo. Al igual que con todas las técnicas que hemos estado viendo, te sugerimos probarlo ahora mismo. ¿Te sientes extraño, como si estuvieras omitiendo información importante? Pruébalo y verás que a tu comprensión no le faltará nada de información, pues tu cerebro la completará y resolverá gracias al contexto de la oración.

En segundo lugar, omite las palabras sin sentido.

Para ser claros, omitir palabras pequeñas no es lo mismo que ojear. Cuando ojeas, no retienes las palabras o ideas que estás consumiendo. Quizás puedas hacerte una idea general del texto, pero es probable que pierdas los detalles.

Aprender a leer más rápido consiste en eliminar las palabras pequeñas e innecesarias que llenan una página. No todas las palabras son iguales. Hay muchas palabras pequeñas y oscuras que no ayudan, y obligarte a leerlas solo puede perjudicarte. ¡Claro que estas palabras tienen su importancia!, son necesarias para estructurar las oraciones y presentar las ideas. Pero cuando nuestra intención es leer rápidamente, podemos omitirlas sin que eso nos perjudique. Algunas de esas palabras son «y», «si», «es», «el», «la», «lo», «las» y «los».

Las palabras pequeñas no aportan nada útil, por lo que descartarlas de manera efectiva te permite optimizar tu experiencia lectora. Si lees un libro de ficción o de poesía, y tu intención es apreciar la estructura de la prosa y el verso, este consejo no es apropiado, ¡pues no es algo que querrías leer rápido!

Veamos el ejemplo de una oración que contiene algunas palabras inútiles: «**El** perro entró a **la** casa **y** cenó **lo** que quedaba de fideos». ¿Cuántas palabras puedes eliminar de esta oración? Al menos cuatro o cinco, y siendo la oración de 13 palabras, ¡eso es alrededor de un tercio!

En tercer lugar, busca palabras importantes. Esto se relaciona con lo visto anteriormente de ignorar palabras inútiles. Cuando puedas identificar lo que verdaderamente importa en una oración, habrás cumplido el objetivo. Al leer cualquier oración, se comprende alrededor del 90% del significado de la mitad de las palabras, y si el objetivo es aprender a un ritmo rápido, el resto de las palabras constituye un relleno innecesario.

Por ejemplo, «Ayer fui al veterinario porque mi gato estaba enfermo» es una oración de 9 palabras. Pero, ¿cuáles son las palabras importantes? «Ayer» «Veterinario», «gato» y «enfermo». Solo hay cuatro palabras importantes en la oración, mientras que el resto no es necesario para entender el significado. Sin duda, puede comprender el sentido de la oración solo con esas palabras. Este paso es incluso más fácil que el anterior y te permite ahorrar más tiempo al omitir las denominadas palabras inútiles.

Veamos otro ejemplo sencillo: «Quiero ir a China porque escuché que la comida allí es muy sabrosa y la gente es agradable».

¿Cuántas palabras necesitas realmente para entender el significado de esa oración? «Quiero», «ir», «China», «comida», «sabrosa», «gente» y «agradable». Son siete palabras de 18 en total. Ya ves lo valioso que puede resultarte este método.

Ojear párrafos requiere práctica, pero puede aumentar considerablemente la velocidad de lectura. Y si al ojear un párrafo no captas su significado cabalmente, simplemente retrocede, disminuye la velocidad y añade las palabras necesarias hasta darle sentido. Luego retoma.

Quizás ojear estratégicamente no sea lo que imaginabas en un principio. Como vimos, suele pensarse que ojear es sobrevolar la información y perder lo importante. Pero aquí, ojear es aprender a analizar la información y leer solo lo necesario para captar el significado y comprender el texto. Es un poco más difícil pero muy gratificante en tu camino a aprender mejor y leer más rápido.

La parte final del capítulo sobre lectura rápida trata sobre cómo concentrarse y prestar atención, e ignorar las distracciones.

Concentración y atención

La lectura no es algo que se pueda hacer mientras se hace otra cosa. Requiere toda nuestra atención y concentración. Lamentablemente, la mayoría de nosotros no trata la lectura con el respeto que merece, y es por eso que a menudo nos encontramos leyendo el mismo párrafo una y otra vez. ¿Cómo podemos mejorar nuestra concentración al leer?

En esta sección veremos cómo mantener la concentración y así evitar que todas las técnicas que hemos aprendido se desperdicien por no saber prestar atención.

Primero, elimina las distracciones. Siempre habrá distracciones fuera de tu control, pero aquí nos preocuparemos más por las distracciones que están bajo tu control. Evita distracciones no planificadas y no deseadas.

Por ejemplo, si tu teléfono comienza a sonar mientras lees, esta es una distracción que está bajo tu control y puedes eliminarla. Simplemente, apaga tu teléfono cuando leas. Si sientes la necesidad constante de revisar Facebook o tu correo electrónico mientras lees, intenta apagar la computadora. Si otras personas te interrumpen constantemente, intenta leer en un lugar diferente. Todas estas son distracciones que se pueden controlar. Y si se pueden controlar, deberíamos eliminarlas para lograr un mayor nivel de concentración durante la lectura.

¿Qué otras distracciones están bajo tu control? Bueno, casi todo lo que te rodea en tu entorno físico. Ese es un comienzo. A continuación, puedes pedirles amablemente a quienes te rodean que no te distraigan durante un cierto período de tiempo. Quizás no sepan que estás tratando de concentrarse, por lo que puedes evitar su presencia distractora no planificada simplemente pidiéndoselo.

En segundo lugar, juega a ponerte desafíos. ¿Qué tan rápido puedes leer una página sosteniendo un alto nivel de comprensión? ¿Por qué no tomar el tiempo y tratar de batir tus propios récords?

¿Recuerdas lo que era ser niño? ¡Todo era un juego! ¿Recuerdas cuánto disfrutabas concentrarte en jugar con un juguete o jugar algún juego que te divertía? Cuando crecemos, olvidamos que solíamos convertir cualquier cosa en un juego.

Los juegos nos motivan e involucran partes del cerebro vinculadas a nuestra necesidad de desafío y entretenimiento. Al crear pequeños juegos con nuestro material de lectura, podemos engañar a nuestro cerebro para que piense que estamos jugando un juego en lugar de dedicándonos a la laboriosa tarea de leer. A menudo, leemos material aburrido con diligencia para aprobar en la escuela o cumplir en el trabajo. Hacer esto nos satura. En un momento de mi vida, me hizo odiar la lectura.

Lo que tenemos que hacer es cambiar nuestra mirada sobre el material y recuperar el disfrute de leer algo que realmente nos interesa. Esto hará que la lectura sea mucho más fluida y sin esfuerzo, y hasta podrías lograr divertirte leyendo cualquier cosa. Solo necesitas un cronómetro o reloj para averiguar cuánto puedes escribir, comprender o leer cada cinco o 10 minutos. Hazlo y repítelo, conviértelo en juego y compite contigo mismo. Es muy probable que el juego te motive a concentrar tu atención.

En tercer lugar, asegúrate de tomar descansos. En su libro «El ejecutivo eficaz», Peter Drucker, el padre de la gestión empresarial, asegura que 50 minutos son ideales para concentrarse en una tarea, pues luego de ese tiempo empezamos a necesitar un descanso. Algo sucede al superar la marca de 50 minutos, lo que hace que nuestro cerebro comience a volverse más ineficiente. Es el momento de un descanso de 10 minutos. Después del descanso, podrás concentrarte en leer por otros 50 minutos. Al usar este ciclo, no solo sacarás el máximo provecho de la lectura, sino que también entrenarás tu concentración y desarrollarás el hábito de trabajar a un ritmo sostenido.

Asegúrate de tomar descansos cada 50 minutos como máximo, de lo contrario tu cerebro comenzará a perder la concentración y te encontrarás releyendo cada oración o párrafo varias veces antes de entenderlo. Lo importante es que necesitas un descanso, hayas los 50 minutos o apenas 25. Piensa en el cerebro como un músculo: un atleta necesita descansar sus músculos al entrenar, y tú también.

Aprender a leer no es difícil, todos lo hemos logrado. Pero aprender a leer con un propósito y de manera óptima puede ser algo completamente nuevo. Trátalo con la atención que se merece y te ayudará mucho en tu aprendizaje en general.

Leer más rápido es un componente importante para aprender mejor. Aprendemos fundamentalmente a través de la palabra escrita, por ello está claro que debemos aprender a lidiar con ella de manera más rápida y eficiente.

«Cómo leer un libro»

¿Sabías que existen cuatro niveles de lectura?

Los cuatro niveles de lectura fueron desarrollados por el filósofo Mortimer Adler en su publicación oportunamente titulada «Cómo leer un libro». Adler sostiene que leer no es un acto único y universal. Divide el acto de leer en cuatro niveles individuales que difieren en el objetivo, el esfuerzo y el tiempo. Por otra parte, los diferentes niveles se aplican a diferentes tipos de lectura: algunos libros pueden ser apropiados para todos los niveles, mientras que otros solo admiten uno o dos. Especialmente en los dos niveles superiores, seguir fielmente estos niveles de lectura mejorará enormemente tu experiencia en el tema. Cuando combinas este tipo de comprensión con la lectura rápida, puedes convertirte en una máquina de aprender.

Estos son los cuatro niveles de lectura según Adler, del más simple al más complejo:

• Lectura elemental

• Lectura inspeccional

• Lectura analítica

• Lectura sintópica

Lectura elemental. Ya has pasado este nivel; esto es, en esencia, aprender a leer. Es la lectura que se enseña en la escuela primaria. Aprendes qué son las letras, cómo se pronuncian las palabras y qué significan objetivamente. Es saber que la oración «El gato está en la cama» significa que hay un gato en la cama y no que hay un perro en el sofá. Impresionante, ¿verdad?

El nivel elemental también se aplica a un adulto que está aprendiendo un nuevo idioma y debe comprender un alfabeto, vocabulario y pronunciación nuevos. También se aplica a un estudiante que lee un libro técnico por primera vez y tiene que aprender una sintaxis o léxico específicos. Cada vez que te encuentras frente a un nuevo idioma, dialecto o léxico, estás haciendo una lectura elemental.

Lectura inspeccional. El siguiente nivel de lectura es comprender la esencia de un libro determinado, aunque sin asimilarlo en su totalidad. Se llama etapa de inspección y, a veces, los lectores ávidos la menosprecian o la descartan, pero se trata de un proceso muy valioso.

La lectura inspeccional contiene a su vez dos etapas:

- *Ojeada sistemática.* Se refiere a examinar casualmente ciertos elementos de un libro además del cuerpo del texto: ojear

121

la tabla de contenido y el índice, o leer el prefacio. Si se trata de un libro electrónico, podría significar leer la descripción en línea y las reseñas de los lectores. La ojeada sistemática brinda información suficiente para saber de qué es el libro y cómo catalogarlo: «Novela sobre la Segunda Guerra Mundial» o «Libro que enseña a cocinar comida francesa».

- *Lectura superficial.* Se refiere a leer de manera muy casual. Empiezas por el principio y asimilas el contenido sin pensar demasiado en él. No tomas notas en los márgenes, ni buscas el significado de frases o conceptos desconocidos; si hay un pasaje que no comprendes, pasas a la siguiente parte. En la lectura superficial, captas una idea del tono, el ritmo y la dirección general del libro en vez de empaparte con cada elemento de la narrativa.

La lectura inspeccional es algo así como una travesía de reconocimiento o una encuesta. Te permite tener una idea de lo que trata el libro. Puede que recojas un par de ideas generales muy amplias, pero sin profundizará en ellas. Solo descubrirás lo que te espera y luego decidirás si estás realmente interesado en continuar.

Por ejemplo, supongamos que estás leyendo un libro sobre música clásica. En tu ojeada sistemática verás el título y el subtítulo. Leerás la solapa, que dice que «se trata de un estudio profundo pero algo irreverente de los compositores clásicos». Leerás el índice: hay capítulos titulados «Wagner vestido de mujer», «Mozart y las imitaciones de su gato » y «Beethoven y su amor por las ratas». Llegado a este punto, habrás comprobado que no se trata de un libro demasiado riguroso y que quizás no aumente tus conocimientos en la materia, aunque puede llegar a ser muy entretenido.

¿Por qué un experto en ciernes debería pasar por esta etapa y no ir directo al siguiente nivel? Aunque no se trate de un análisis profundo, ofrece muchas respuestas. Te darás una idea del enfoque del escritor: ¿es serio, cómico, satírico? ¿Se basa en relatos de la vida real o en situaciones imaginarias? ¿Presenta estadísticas? ¿Cita fuentes externas? ¿Hay fotografías?

Tener una noción sobre las respuestas a estas preguntas te ayudará a enmarcar el contenido y definir tus expectativas, lo que, si has decidido continuar con la lectura, hará que el siguiente nivel sea más productivo.

Lectura analítica. El tercer nivel de lectura es el más profundo: es la digestión completa y la interacción con el material en cuestión. El desafío de la lectura analítica es simplemente este: «Si el tiempo no fuera una variable, ¿cuán exhaustivamente leerías este libro?».

La lectura analítica se puede sintetizar en apropiarse del libro, hacerlo tuyo. No te limitas a leer el texto, sino que resaltas y subraya los puntos clave, formulas preguntas y haces comentarios. Puedes utilizar los márgenes para simular una conversación con el escritor.

El objetivo de la lectura analítica es comprender lo suficientemente bien como para poder explicarle el contenido a otra persona sin mucho esfuerzo. Puedes describir el tema de manera muy concisa, enumerar sus partes ordenadamente y explicar cómo están conectadas, y comprender y especificar los problemas que preocupan al escritor y que el libro intenta resolver.

Por ejemplo, si estás leyendo «Breve historia del tiempo» de Stephen Hawking, destacarías palabras y expresiones clave en la primera parte dedicada a la historia de la física, la teoría del Big Bang, los agujeros negros y los viajes en el tiempo, por ejemplo. Podrías colocar asteriscos en los nombres de Copérnico y Galileo, apuntándote investigarlos más a fondo. Podrías cuestionar la explicación de Hawking sobre el universo en expansión haciendo notas en los márgenes.

La lectura analítica es un trabajo duro, pero es el nivel en el que la emoción por adquirir una nueva comprensión es más profunda y gratificante. Este tipo de interacción con la lectura hace que el aprendizaje sea proactivo, ya que, en lugar de escuchar lo que alguien te dice, extraes la información tú mismo. Cuando lo haces, involucras más tu mente y es mucho más probable que recuerdes lo que has aprendido. Es un camino mucho más fácil hacia convertirte en experto.

Lectura sintópica. En este último nivel de lectura, trabajas con varios libros o piezas de material que cubren el mismo tema. Se podría describir la lectura sintópica como «comparar/contrastar», pero en realidad es mucho más que eso. Por otra parte, la lectura sintópica no debe confundirse con la lectura «sinóptica» escrita de manera similar, pero que es casi todo lo contrario.

Esta etapa se refiere a intentar comprender la total amplitud del tema que se está estudiando, y no solo un volumen sobre él. ¿Te suena familiar? Analizas las diferencias en las ideas y los argumentos presentados en los libros, y los comparas. Puedes identificar y llenar cualquier vacío de conocimiento que tengas. Estás conversando con múltiples socios, y formulando y resolviendo las preguntas más urgentes que necesitas responder. Estás identificando todos los problemas y aspectos de los temas que esos libros cubren, y buscando vocabulario y léxico que no entiendes.

La lectura sintópica es un compromiso relativamente importante, algo así como como un curso de nivel universitario que te enseñas a ti mismo. Piensa en ella como un esfuerzo activo, algo que no se asocia con el acto relajante de leer una novela.

Es como una película o una serie de televisión en la que alguien intenta desentrañar una organización mafiosa de múltiples niveles. En un momento de la película, se muestra al protagonista frente a una pizarra gigante llena de fotografías, *identikits*, nombres y números, todos interconectados por líneas y flechas. Cuando descubres información nueva de una fuente diferente, la agregas a la pizarra: así funciona la lectura sintópica. Es un esfuerzo por encontrar las respuestas y aumentar tu nivel de conocimiento (y sin tener que lidiar con la mafia). Resulta de utilidad tanto para concentrarte en temas metodológicos como la Navaja de Ockham, en el teatro absurdo o el mercado de valores.

Estos cuatro niveles sirven como pasos conectados para hacer que un tema resulte gradualmente más accesible, atractivo y, finalmente, familiar.

En la etapa elemental, aprendes a leer. Lo necesitarás para todo.

En la etapa inspeccional, obtienes una descripción general del marco y la estructura, y evalúas el interés que representa para ti. Te estás preparando para decidir si te comprometerás con la siguiente fase, la etapa analítica, descubriendo lo que te espera a un nivel más profundo.

En la etapa analítica, te comprometes a realizar un gran esfuerzo para comprender la mayor parte del tema desde la mayor cantidad de puntos de vista posible. Estás incorporando y cuestionando el libro, y desarrollando más curiosidad sobre el tema que aborda, impulsándote a aprender más.

En la etapa sintópica, se podría afirmar que te has «graduado». Has partido de una perspectiva única o limitada del tema, y has arribado a un estudio holístico de todos sus elementos. Aquí superpones tus niveles de experiencia en múltiples aspectos, algo que no puedes hacer en una lectura casual o recreativa.

Algunos procesos presentados en este capítulo pueden parecer abrumadores o imposibles a primera vista. Pero recuerda: en algún momento de sus vidas, absolutamente todos los expertos fueron ignorantes en relación al tema del cual luego fueron expertos. Ya sea que aprendieran en instituciones educativas o por su propia cuenta, todos pasaron por un período en el que tuvieron que recopilar información en el vacío y sumergirse en aguas desconocidas. Sin duda eres capaz de hacer exactamente lo que ellos tuvieron que hacer. De hecho, es posible que para ti sea un poco más fácil y simple de lo que fue para ellos.

Conclusiones:

- Este capítulo está orientado a enseñarte a leer más rápido y a retener más información al mismo tiempo. Parece una tarea difícil, pero es poco probable que hayas aprendido mucho sobre la lectura, más allá de aprender el alfabeto en la escuela. Existen algunos aspectos importantes a tener en cuenta para leer más rápido.

- Debes detener las subvocalizaciones. Esto es, pronunciar mentalmente las palabras. Puedes pensar y procesar más rápido de lo que puedes leer en voz alta, lo que significa que en lugar de pronunciar las palabras, debes imaginar su significado. Es un hábito difícil de modificar.

- En segundo lugar, debes entrenar tus ojos. Cada ojo tiene seis músculos que controlan sus movimientos. Debes entrenar tus ojos de dos maneras: para que se muevan menos y para que mires más con tu visión periférica.

- En tercer lugar, debes aprender a ojear estratégicamente evitando palabras inútiles, enfocándote en palabras importantes e ignorando las palabras que se encuentran más cerca de los márgenes.

- Finalmente, debes entender cómo funciona tu concentración y atención en relación a la lectura. Brinda a la lectura el respeto que merece, toma descansos programados, crea juegos para leer más rápido y elimina las distracciones.

- ¿Cómo se lee un libro? La sección final ofrece un detalle de los cuatro niveles de lectura, tal como los articula el autor Mortimer Adler. Los niveles son elemental, inspeccional, analítico y sintópico. La mayoría de los lectores solo utilizan los dos primeros niveles, por lo que no se involucran con el material ni sostienen una conversación con él. De estos cuatro niveles de lectura proviene la comprensión profunda y verdadera.

Capítulo 4. Hábitos y técnicas para enseñarte a ti mismo lo que quieras

A veces sabes que hay una agujero en tu conocimiento y que existe una pregunta que, de formularla, te aclararía la cuestión, pero, por alguna razón, no la haces. Claro que ese es el mejor de los casos, cuando puedes darte cuenta de que algo falta.

Esto solía sucederme en las clases de matemáticas en la escuela primaria. En primer -grado, o eso me contaron luego, cometí un error bastante común al usar una regla. La maestra nos pidió que trazáramos líneas de cinco, diez y quince centímetros de largo. Así que saqué mi regla, puse el lápiz en la posición «1» y tracé una línea en dirección a los números «5», «10» y «15». Cuando vi lo que había dibujado, algo parecía extraño en comparación con lo que habían dibujado mis compañeros de clase. Pero seguro de haber hecho lo que me habían pedido, entregué el papel sin más. La verdad era que tenía prisa por salir al recreo y asegurarme mi lugar en el equipo de balonmano.

Tú, siendo un adulto, probablemente te hayas dado cuenta de mi error. Empecé en «1» porque ese era el número en el que siempre empecé a contar. Pero debería haber comenzado en «0». Sabía que algo estaba mal pero no busqué aclararlo. Me equivoqué con las tres líneas. Al regresar del recreo, mi día se vio arruinado, los otros niños se rieron de mí, y almorcé malhumorado y en silencio.

Por supuesto que hay una diferencia entre un niño de primer grado que está aprendiendo a aprender, y un adulto que tiene mucha experiencia en el aprendizaje. Pero este vergonzoso ejemplo de mi pasado demuestra uno de los muchos hábitos y habilidades asociados con el autoaprendizaje: hacer preguntas. No es tan simple como preguntar por hechos, y en efecto es algo que debe cultivarse como cualquier otra habilidad.

Asumir la tarea de la autoeducación es casi como tener que adaptarse a una nueva forma de aprender. Tenemos que corregir nuestra estrategia de aprendizaje a medida que nos convertimos la persona que nos enseña a nosotros mismos. Este capítulo cubre algunos de los ajustes que un aspirante a autodidacta puede hacer para aprovechar al máximo sus estudios. Primero, hablaremos sobre cómo crear planes de aprendizaje.

Planes, horarios y metas

Una figura histórica que constituye un fantástico ejemplo sobre cómo crear metas y planificarse para el éxito es Benjamin Franklin. Sigue siendo el ejemplo supremo de autodidacta: fue estadista, inventor, filósofo, escritor y erudito, con una curiosidad que no conocía límites.

Franklin era meticuloso a la hora de realizar un seguimiento de sus objetivos, actividades y horarios, y los usaba tanto en su vida personal como profesional. Dos de sus técnicas cotidianas para ordenar su vida son perfectas para quienes buscan mejorar sus habilidades organizativas en pos de un mejor aprendizaje. Ambas técnicas se detallan en la autobiografía de Franklin, quizás con la esperanza de inspirar a las generaciones futuras a alcanzar niveles similares de logros y productividad.

La primera y quizás más famosa de las formas de Franklin es su lista de las «13 virtudes», que utilizó para hacer un seguimiento de sus esfuerzos por mejorar como ser humano. Aunque usó las 13 virtudes para la superación personal, o, como dijo Franklin, «alcanzar la perfección moral», estas sirven como un claro ejemplo de cómo realizar un seguimiento consciente del progreso y llevar un registro de todo lo que se desea desarrollar, incluido el autoaprendizaje.

A la edad de 20 años (una edad notablemente corta para mostrar tal madurez, en mi opinión), Franklin ideó una lista de 13 cualidades que creía que debía desarrollar para vivir una vida sana y consciente. Incluía méritos, si bien no relevantes para la discusión de este capítulo, sí útiles para ilustrar. A saber:

1. **Templanza.** No comas hasta hastiarte; no bebas hasta embriagarte.

2. **Silencio.** No hables sino de lo que pueda beneficiar a otros o a ti mismo; evita las conversaciones triviales.

3. **Orden.** Que todas tus cosas tengan su sitio, que todos tus asuntos tengan su momento.

4. **Resolución.** Resuelve llevar a cabo lo que debes hacer; realiza sin falta lo que hayas decidido.

5. **Mesura.** No hagas ningún gasto sino es para hacer bien a otros o a ti mismo; es decir, no malgastes.

6. **Diligencia.** No pierdas el tiempo, ocúpate siempre en algo útil, elimina todo acto innecesario.

7. **Sinceridad.** No uses engaños que puedan lastimar, piensa inocente y justamente y, si hablas, habla en consecuencia.

8. **Justicia.** No perjudiques a nadie, ni haciéndole daño ni omitiendo lo que es tu deber.

9. **Moderación.** Evita los extremos. No guardes resentimientos.

10. **Limpieza.** No toleres la falta de limpieza en el cuerpo, en la ropa ni en la vivienda.

11. **Serenidad.** No te molestes por nimiedades, ni por accidentes comunes o inevitables.

12. **Castidad.** Frecuenta raramente el placer sexual, sólo hazlo por salud o descendencia, nunca por hastío, debilidad o para injuriar la paz o reputación propia o de otra persona.

13. **Humildad.** Imita a Jesús y a Sócrates.

También ideó un sistema mediante el cual se esforzó por mejorar en cada una de las áreas de manera metódica e intencionada.

La sola idea de la lista en sí es revolucionaria, ya que centró su atención en sus objetivos. Fue también una tarea ardua: ¿en cuántos objetivos estás trabajando tú en este momento? ¿Estás cerca de 13? Es hora de repensar lo que es posible.

Franklin elaboró una serie de tarjetas, cada una de las cuales contenía una tabla muy simple con siete columnas y 13 filas. Cada columna estaba encabezada por los días de la semana, de domingo a sábado. A la cabeza de cada fila había símbolos que representaban cada una de sus 13 virtudes. En la parte superior de la página, Franklin escribía la virtud que había elegido para prestarle especial atención durante la semana. La primera semana, eligió centrarse principalmente en la templanza.

Al final de cada día de la semana, Franklin sacaba esta tarjeta, revisaba el cuadro y ponía un punto negro en cada casillero en caso de sentir que no había «sido suficiente» en su esfuerzo por mantener esa virtud. Por ejemplo, si sentía que había bebido demasiadas copas de vino en la cena del jueves, pondría un punto negro en la casilla de «Templanza» para el jueves. Si pensaba que se había enojado demasiado con George Washington en la reunión del sábado, pondría un punto negro en la casilla de «Tranquilidad» correspondiente al sábado.

Cada semana, Franklin se centraba principalmente en la virtud que había escrito en la parte superior la tarjeta. Su razonamiento era que cultivar una virtud a la vez haría que la virtud de la próxima semana fuera un poco más fácil de manejar y que cada virtud se convertiría en un hábito con el tiempo. Cada virtud se programaba cuidadosamente en relación a la virtud de la semana siguiente, por ejemplo, ponía «Frugalidad» la semana anterior a «Trabajo» porque pensaba que el hábito de administrar dinero se relacionaba con el hábito de trabajar más para obtener ese dinero. Uno por vez, así se aseguraba de no sentirse abrumado y de entender lo que le llevaba cambiar un aspecto singular de su vida.

Una vez que transitaba 13 semanas, Franklin comenzaba una nueva serie.

Repetía sus ejercicios sobre las virtudes tanto como fuera necesario. Si lo hacía fielmente todas las semanas, eso significaba que realizaría la tarea cuatro veces al año (13 semanas × 4 = 52 semanas = 1 año). Es admirable ver lo bien que Franklin trabajaba en su calendario.

La genialidad de la lista de Franklin es que este enfoque funciona para otras cosas, además de convertirse en un mejor ser humano (aunque ciertamente es una buena idea intentarlo). La planificación, el autocontrol y la dedicación de tiempo sin distracciones son las claves.

Para muchos de nosotros, este nivel de atención y autoconciencia es desconocido. Tendemos a pensar en nuestro comportamiento como innato y relativamente inmutable, pero no es el caso para quienes no quieren que sea así, como Franklin. Este tipo de desarrollo y mejora intencional es la base para tu éxito y tus logros. También puedes usarlo para hacer un seguimiento de tus tareas y tu progreso en cualquier cosa, incluidos los temas particulares de autoaprendizaje.

Por ejemplo, si te estás enseñando a ti mismo sobre la lengua y la cultura españolas, es posible que se te ocurran algunas tópicos que quieras asegurarte de cubrir, como «lectura», «escritura», «pronunciación», «sociedad», «arte», etc. Puede que no tenga sentido cubrir cada una de estas áreas todos los días, pero sí al menos una vez a la semana. En lugar de centrarte en una «virtud» por semana como hacía Franklin, podrías elegir un cierto aspecto del estudio en el que centrarte: «comida», «historia», «política», «deporte», «arte», «costumbres», o lo que creas conveniente para organizar tu progreso semanal.

La clave del éxito de este sistema está en saber qué aspectos de tus estudios son los más importantes, de la misma manera que Franklin decidió qué virtudes eran más importantes para él. Cada tema, a su vez, tendrá diferentes áreas de importancia. Sepáralos y organiza un plan para asegurar que tus objetivos estarán cubiertos. Tu cerebro solo puede manejar una cierta cantidad de cosas a la vez, así que planifícate para no abrumarte ni realizar demasiadas tareas. En cualquier orden de la vida, aprender y progresar requieren una marcha constante, que se puede medir en semanas o años, como sucedió con las 13 virtudes de Franklin.

No te limites a hacer lo que te apetezca o se te ocurra, sé metódico y asegúrate de que nada se escape. Ese es el propósito del calendario y el programa de estudios en la educación tradicional. Asegúrate de crear el tuyo propio para mantenerte encaminado y convertirte en un autodidacta eficaz.

Como señaló el propio Franklin, el valor real de este sistema es inculcar mejores hábitos de forma gradual y continua. Cualquier sistema de estudio depende en gran medida de qué tan bien cultives los hábitos positivos, y esto es especialmente cierto en el autoaprendizaje, ya que tú mismo estás a cargo de supervisar todo.

Pero aún no hemos terminado con Benjamin Franklin, el célebre defensor del pavo como ave nacional de los Estados Unidos. ¿Cómo hizo para lograr tantas cosas maravillosas en casi innumerables áreas?

La segunda parte de su genial planificación radicaba en su horario de trabajo diario. Franklin se tomó el tiempo para organizar su horario para cada día, desde que se despertaba hasta que se acostaba. Por ejemplo, uno de sus horarios típicos (parcialmente adaptado) era algo así:

- 5:00 am a 8:00 am: levantarse, lavarse, «concentrarse en potenciar la bondad» (orar o meditar), organizar el día, «proseguir con el estudio en curso» (estudiar e investigar los proyectos en desarrollo, además del trabajo), desayunar.

- 8:00 am a 12:00 pm: trabajar.

- 12:00 pm a 2:00 pm: leer, «repasar las cuentas» (atender asuntos personales o financieros), almorzar.

- 2:00 pm a 5:00 pm: trabajar.

- 5:00 pm a 10:00 pm: reflexionar, cenar, considerar «cuánto de bien» se ha hecho durante el día, disfrutar de la «diversión» con pasatiempos, música o conversación.

- 10:00 pm a 5:00 am: dormir.

Este puede no parecer un horario muy preciso en comparación con nuestros horarios actuales, considerando el número infinito de citas y reuniones con las que tendemos a llenar nuestros calendarios. Sin embargo, es un gran ejemplo a seguir porque deja espacio para todo lo necesario para el bienestar mental: trata las actividades personales y recreativas con exactamente la misma importancia que los negocios y el trabajo. Todo lo que hacía estaba previsto, y tenía su momento y contexto adecuados; todas sus actividades era vitales para su desarrollo, al igual que sus virtudes. En un mundo ideal, un horario centrado en el autoaprendizaje no se vería muy diferente.

Franklin también diferenciaba entre el trabajo en el que tenía que concentrarse exclusivamente (en esos períodos más amplios de la mañana y la tarde) y el trabajo que podía hacer mientras hacía otra cosa, como repasar sus cuentas y realizar sus investigaciones personales. Eso sin duda le daba algo de flexibilidad y tranquilidad cuando podía ocuparse de asuntos que eran importantes pero que se podían hacer a un ritmo menos activo entre las otras cosas relajantes que hacía, como almorzar. En realidad, prever tiempo para la reflexión, algo que la mayoría de nosotros ni pensamos en hacer, demuestra que él la consideraba una actividad vital y por ello le asignaba su lugar durante el día, ni más ni menos importante que cualquier otra actividad en su calendario.

Aun con su ritmo de vida algo más lento (en comparación con el nuestro), Franklin no siempre cumplió estrictamente con su horario. Y está bien. Estoy seguro de que en su época, como en la nuestra, surgían imprevistos. El beneficio de contar con esa organización diaria era sentirse más feliz intentando al menos vivir de acuerdo con un plan. Si no hubiese tenido ni una idea acerca de lo que quería lograr durante el día, se hubiese sentido perdido.

Tener un horario lo ayudaba a sentirse más organizado y productivo, aunque no lo siguiera al 100% todos los días. El simple hecho de tener algo a lo que referirse con metas preestablecidas puede organizar un día que de otra manera carecería de orientación. Cuando nos enfrentamos a decisiones, nos enfrentamos a problemas. Pero una vez que eliminamos la presencia de decisiones mediante un cronograma detallado, es mucho más probable que estemos de acuerdo con lo que debe suceder.

Por lo tanto, utilizando el concepto general que Franklin aplicaba a su propio horario, he aquí algunas pautas a seguir:

- Tómate un par de momentos o bloques de tiempo diarios para concentrarte en tu trabajo principal. Pero permítete flexibilidad dentro de esos bloques para vagar mentalmente. Los grandes bloques de tiempo son más permisivos y te permiten el espacio para dejarte ir a donde te lleve el viento.

- Programa un momento para la recreación, el ocio, la reflexión personal o socializar con familiares y amigos. Franklin sabía que estos aspectos eran lo suficientemente cruciales como para reservarles espacio, especialmente la reflexión personal y el análisis de lo que había salido bien y de lo que necesitaba cambiar. El cerebro no puede funcionar a toda velocidad todo el tiempo.

- Trata tus metas personales con el mismo respeto que tus metas profesionales; en otras palabras, programa tu autoaprendizaje con la misma prioridad que tus otras responsabilidades.

- Dedica igual cantidad de tiempo a planificar, reflexionar y analizar, que a tomar acción. ¿Qué salió bien y qué no? Asegúrate de hacer lo correcto en lugar de lo fácil, y de aprender de tus errores e ineficiencias.

- Lávate. Sí, también hazte tiempo para asearte.

Estos dos hábitos de Benjamín Franklin —establecer metas y ajustarse a un horario— son hábitos que podemos emular. El autoaprendizaje no es algo que puedas sobrevolar. La planificación es fundamental para el autoaprendizaje, pues es inherentemente tediosa y aburrida y, a veces, no puedes permitirte no hacerla. Sigue el ejemplo de este famoso padre fundador y protégete de tus peores impulsos.

Las planificación y los cronogramas a largo plazo nos facilitan la conquista de nuestros objetivos. Esto nos lleva a la siguiente pregunta: ¿cuáles eran esos objetivos? Intentar establecer metas como las 13 virtudes de Benjamin Franklin probablemente no funcione para nosotros, por numerosas y variadas razones. Entonces, ¿cómo podemos usar las metas para planificarnos hacia un mejor autoaprendizaje?

La primera pauta es aceptar que *no sabes lo que aún no sabes y no lo sabrás hasta que lo sepas*. En el autoaprendizaje o en cualquier objetivo ambicioso, muchas veces te encontrarás cara a cara con lo desconocido, y eso resulta incómodo en el mejor de los casos. Debes entender eso, y no dejar que te asuste ni te aparte de la meta, porque eso es exactamente lo que hace. Tu objetivo es aprender cosas que no sabes, y eso en sí mismo constituye un desafío.

A su vez, debes asegurarte de que sea un desafío a la altura del momento. Esto es, debes establecer metas que sean alcanzables de manera realista, pero que al mismo tiempo no sean tan fáciles que al lograrlas no te hagan sentir la satisfacción de la conquista. No deberían ser metas disparatadas e imposibles a corto plazo, pero debería ser algo que no hayas hecho antes. Tal vez algo un poquito más difícil de lo que crees que puedes hacer, pero no tan difícil como para desanimarte. Existe un equilibrio en la manera de establecer tus objetivos para que estos puedan mantenerte motivado.

Por ejemplo, si aplicamos esto a Benjamin Franklin, podemos suponer que quizás haya pensado que intentar dominar 20 virtudes era demasiado difícil y por ello decidió 13 era un desafío alcanzable. A su vez, sintió que intentar dominar solo nueve virtudes le resultaba poco. Todos tenemos diferentes niveles de lo que nos desafía, y depende de nosotros establecer metas que nos mantengan en el camino del progreso.

Por supuesto, para nuestros propósitos, estos objetivos deben estar relacionados con el autoaprendizaje. Si deseas aprender francés, utiliza un objetivo que refuerce el autoaprendizaje, como tener una conversación informal en un café. Aprende 120 palabras si crees que aprender solo 100 subestima tus habilidades. Si deseas aprender a tocar el violín, proponte aprender una pieza de tu compositor favorito, aunque esté por encima de tu nivel de habilidad. Aprende la pieza en dos semanas y augura una profecía autocumplida a través del objetivo que establezcas.

Una regla mnemónica que puede ayudarte a establecer tus objetivos es el acrónimo SMART. Cuando se te haya ocurrido un objetivo de aprendizaje, evalúalo para asegurarte de que sea:

- Específico: que sea claro.

- Medible: que puedas realizar un seguimiento del progreso.

- Alcanzable: que esté a tu alcance pero que no sea demasiado simple.

- **R**elevante: que sea significativo para ti y tu vida.

- Limitado en **t**iempo: que sea factible de organizar según algún tipo de horario.

Por ejemplo, digamos que planeas aprender a tocar el piano por tu cuenta. Si alguien te pregunta, podrías decir: «Voy a enseñarme todo sobre el piano. A finales de este año seré un virtuoso con increíbles habilidades, capaz de tocar cualquier cosa de oído».

Eso sería un poco irreal. En su lugar, utiliza los filtros SMART. Haz que tu objetivo sea más claro y alcanzable:

Específico: «Voy a aprender teoría musical para piano y llegaré al punto en que pueda entender y tocar partituras básicas».

Medible: «Voy a aprender a tocar 10 piezas en el piano».

Alcanzable: «Van a ser piezas algo sencillas, no piezas clásicas demasiado complejas, antes de decidir dar el siguiente paso».

Relevante: «Hago esto porque soy un fanático de la música y quiero expresar mi pasión artística».

Limitado en el tiempo: «Me daré un año a partir de ahora, practicando y aprendiendo al menos 10 horas a la semana».

El uso de las pautas SMART para establecer tus metas te ayudará a pensar en ellas de manera más sensata y práctica. Centrar tu planificación en las metas de autoeducación con los recursos de que dispones, te dará un mejor punto de vista y una estructura más sólida para lo que estás aprendiendo y lo que te propongas aprender en el futuro.

Hacer preguntas y extraer información

Habiendo comprendido los métodos para organizar, planificar y establecer objetivos, estás listo para establecer el marco de lo que vas a aprender. Los neumáticos están listos para la pista y solo resta que catalogues tus recursos para el tema que has seleccionado. Este es el momento preciso en el que puede que te sientas abrumado en tu proceso de autoaprendizaje.

153

Hoy en día, resulta extremadamente fácil encontrar y acumular información. Por cada tema hay muchísimas fuentes en línea y bibliotecas de acceso público, y la información te llegará tanto gracias a tu esfuerzo como de la nada.

Pero toda esta información no te enseñará por sí sola. Solo se acumulará frente a ti. Los datos que esa información te ofrece no explican necesariamente su importancia, su contexto o su significado. Cuando te está enseñando a ti mismo, no siempre cuentas con un mentor dispuesto a explicarte la pertinencia o el valor de lo que estudias, porque esa estructura depende de ti.

Por lo tanto, tendrás que ser proactivo para descubrir qué valor tienen todos esos datos para tu plan de estudio. Tendrás que hacer el trabajo de investigación para comprender el marco y la sustancia de todos esos conocimientos. A esto llamamos «extraer información» porque implica detectar lo que es importante y aporta contenido de la enorme masa de información que acaba de caerte encima.

Las herramientas que utilizarás para descifrar y analizar toda esa información son preguntas. Pero no todas las preguntas son iguales. Necesitas preguntas que te permitan abrir tu percepción sobre el tema, no solo acceder a los detalles superficiales o hechos nimios. Las preguntas que harás penetrarán mucho más allá del simple conocimiento común y completarán la imagen de lo que estás estudiando.

Esto se conoce comúnmente como pensamiento crítico, y es el acto de retrasar la gratificación en favor de la precisión y de una comprensión tridimensional de los matices que se presentan. No es lo que habitualmente uno hace en la vida, pero es la mejor forma de aprender a extraer información de las fuentes.

El objetivo del pensamiento crítico no es obtener una respuesta rápida y fácilmente digerible. De hecho, ni siquiera proporciona ninguna conclusión certificable. En cambio, el objetivo del pensamiento crítico es aumentar tu compromiso racional con un tema determinado. En lugar de proporcionar una convicción sólida e indiscutible, el pensamiento crítico amplía tu punto de vista y te proporciona diversas formas de ver una situación o un problema. Te permite superar el ruido externo y las respuestas fáciles para que puedas apreciar el alcance completo de una circunstancia o problema. Ningún proceso de autoaprendizaje puede ser exitoso sin pensamiento crítico.

Las preguntas a formular en el pensamiento crítico van más allá de las preguntas usuales referidas a los hechos concretos, y desafían a quien responde a investigar las razones de la importancia de un tema, sus orígenes, su relevancia y las creencias opuestas o alternativas. Pueden aplicarse a cualquier tema, incluso adaptarse a principios científicos y matemáticos. El objetivo no es estar de acuerdo o en desacuerdo con una doctrina determinada, sino comprender la totalidad de su significado.

Probemos con el siguiente ejemplo: la economía keynesiana. Básicamente, esta teoría sostiene que el aumento del gasto público y la disminución de los impuestos son herramientas para que las economías salgan de la depresión y crezcan. Es complicado discutirla sin alterar políticamente algunos ánimos, pero es por esa misma razón que resulta un buen ejemplo sobre cómo cuestionar objetivamente un tema.

A continuación, presentaremos algunas preguntas que se podrían utilizar para evaluar críticamente el tema. No intentaré contestarlas, pues hasta donde yo sé, no soy economista. Pero investigué un poco como para formular algunas preguntas decentes y ese es el fin principal de este ejercicio:

¿Qué hace importante que la economía keynesiana sea importante? Esta pregunta, obviamente, busca establecer por qué la economía keynesiana merece ser estudiada.

¿Qué detalles de la economía keynesiana son importantes y por qué? Esta pregunta apunta a los elementos específicos de la teoría keynesiana y cómo estos afectan a ciertos factores específicos de una economía.

¿Cuáles son las diferencias entre la economía keynesiana y la economía clásica? Esto establece una comparación entre dos modelos o métodos de resolución de problemas diferentes, y permite comprender qué distingue a uno del otro.

¿Cómo se relaciona la economía keynesiana con la política fiscal pública? Esta pregunta establece una descripción de cómo el sujeto de estudio se relaciona con otras fuerzas.

¿Qué evidencia se puede aportar a favor o en contra de la economía keynesiana? Esta pregunta obliga presentar tanto aspectos positivos como negativos del tema. Cada asignatura o tema tiene debilidades y fortalezas en cuanto a su aplicabilidad y universalidad.

¿Qué patrones observa en la economía keynesiana? Esta pregunta te ayuda a buscar elementos repetitivos y relaciones de causa y efecto, que casi siempre indican importancia.

¿Cuáles son las ventajas y desventajas de la economía keynesiana? Esta pregunta

establece una comparación entre los posibles efectos de la economía keynesiana.

¿Cuándo podría ser más útil la economía keynesiana y por qué? Esta pregunta propone hallar un ejemplo sobre cómo aplicar el concepto en el mundo real y cómo esta aplicación podría afectar tu vida.

¿Qué criterios utilizarías para evaluar si la economía keynesiana tiene éxito? Esta pregunta busca establecer pruebas sólidas para verificar si un concepto funciona o no, e introduce la posibilidad de aplicar sistemas específicos de medición.

¿Qué información se necesitaría para tomar una decisión sobre la economía keynesiana? Esta pregunta aborda las condiciones en las que los modelos keynesianos podrían prosperar y, en general, qué información contextual es importante.

¿Qué podría suceder si se combinaran la economía keynesiana y la economía de la oferta? Esta pregunta plantea cómo el concepto podría prosperar o fracasar en combinación con aspectos de un modelo alternativo.

¿Qué ideas se podrían agregar a la economía keynesiana y cómo estas ideas la cambiarían? Esta pregunta te desafía a proponer tus propias ideas debidamente sustentada, y proyectar cómo éstas podrían modificar el concepto.

¿Estás de acuerdo en que la economía keynesiana funciona? ¿Por qué sí o por qué no? Esta pregunta te alienta a apelar a tu propio razonamiento para juzgar el mérito de un determinado concepto.

¿Qué soluciones podrías sugerir al problema de la economía keynesiana? ¿Cuál podría resultar más eficaz y por qué? De manera similar, esta pregunta te invita a razonar qué podría mejorar potencialmente la teoría.

¿Cómo se podría crear o diseñar un nuevo modelo de economía keynesiana? Explica tu razonamiento. Esta pregunta te alienta a reinventar el concepto de acuerdo con sus propias ideas, y a proyectar cómo esas ideas podrían funcionar en el futuro.

¡Uf! Sí, son muchas preguntas. Y es apenas uno de los muchos lados y ángulos desde los que se puede examinar cualquier tema. Ninguno tiene una respuesta definitiva, pero su naturaleza abierta te anima a seguir los hechos desde un punto de vista objetivo. ¿Esto está empezándote a sonar circular y repetitivo? De hecho, puede ser un ejercicio tedioso e interminable, pero si mantienes el propósito del descubrimiento y la perspectiva en primer plano, te parecerá más significativo.

En este punto, es posible que hayas utilizado todas tus respuestas para formular una teoría o sacar una conclusión, o que hayas encontrado conclusiones de otros que expresen su propia interpretación de los hechos. Pero al igual que con las preguntas que acaba de hacer, las conclusiones que encuentres (incluso las tuyas propias) también deben someterse al mismo nivel de análisis e inquisición en cuanto a si las conclusiones son sólidas y válidas.

Las primeras preguntas deben abordar la estructura de la conclusión, ya sea que provenga de un razonamiento sólido. Un segundo conjunto de preguntas debe abordar la calidad de las conclusiones y los argumentos que las apoyan. Podemos ver esto a través de nuestro ejemplo sobre la economía keynesiana:

¿Cuáles son los problemas y las conclusiones de la economía keynesiana? Esta pregunta aborda la base de la teoría, el problema que trata de resolver, y cuáles son las respuestas.

¿Cuáles son los argumentos de tus conclusiones? Una conclusión bien elaborada debe enumerar los hechos que la respaldan. Esta pregunta identifica cuáles son esos hechos. Y es mejor separar los hechos de las anécdotas, suposiciones y sentimientos.

¿Qué suposiciones está aplicando en su teoría? Si se utilizan factores variables en la formulación de una conclusión, es importante identificarlos. Por ejemplo, el modelo keynesiano aborda específicamente la depresión económica, por lo que una suposición podría ser «asumir que la economía ha disminuido en un 85% durante el año anterior».

Las siguientes dos preguntas buscan exponer las deficiencias de pensamiento que pueden haber comprometido la formulación de las conclusiones:

¿Hay falacias en el razonamiento? Esta pregunta busca cualquier inexactitud, error o falsedad absoluta en cualquiera de las razones dadas. Por ejemplo, la conclusión original podría haberse basado en datos económicos incorrectos de la década de 1930. Es una forma diferente de jugar al abogado del diablo y tratar de comprender posturas o conclusiones opuestas.

¿Qué tan buena es la evidencia? Así es como se verifica que los datos que respaldan la conclusión sean fidedignos, provengan de fuentes legítimas y no estén alterados por prejuicios o desinformación. ¿Se recurrió a las estadísticas publicadas por el Departamento de Trabajo de EE. UU. o al blog de propaganda personal de alguien?

Existe la posibilidad de que estas preguntas susciten aún más preguntas, en lugar de responderlas. Pero, nuevamente, ese es el objetivo principal de esta línea de interrogación: crear una vista tridimensional del tema que se está investigando y no solo detenerse en la primera respuesta que parece «cierta». Tener la certeza no es lo mismo que tener la razón. En el autoaprendizaje, debes desconectarte de los argumentos forzados de quien solo quiere que sean ciertos, y centrarte en la evidencia y los hechos reales. En efecto, los hechos no son suficientes para un aprendizaje eficaz.

Investigando desde cero

El primer paso para aprender algo es investigar, esto es, leer y analizar materiales relevantes para el campo de interés elegido. Esto es aún más importante cuando se está siendo autoguiado. Pero antes de poder comprender y sintetizar, debemos hallar lo que estudiaremos. Es un proceso que no es intrínsecamente difícil, pero existen muchos obstáculos que pueden hacer descarrilar tu aprendizaje.

Has abundancia de información sobre casi todo, y tenemos acceso a datos y hechos como nunca antes. Pero la gran cantidad de información disponible puede hacernos olvidar cómo investigar de manera efectiva. ¿Cómo podemos mantenernos a salvo de fuentes cuestionables y asegurarnos de que nuestra investigación dé frutos?

La investigación es un proceso gradual y metódico. Si se ejecutan de manera correcta y cuidadosa, los cinco pasos que veremos a continuación te brindarán lo necesario para dominar mentalmente un tema nuevo. Es importante seguir los cinco pasos sin omitir ninguno, y esto te permitirá comprender un concepto, tema o problema desde una variedad de ángulos y enfoques.

Después de describir los pasos, analizaremos una ejemplo para ilustrar lo que implica cada uno.

1. Recopila información. El primer paso es obtener la mayor cantidad de datos posible sobre un tema. Recopila de todo y de la más amplia variedad de fuentes que encuentres.

En esta etapa inicial de la investigación, no discrimines demasiado. Obtén material de donde puedas. Imagina que buscas en Google sobre un tema determinado, obtienes 10 páginas o más como resultado, y luego haces clic en cada enlace. El objetivo no es obtener respuestas inmediatas, sino una descripción panorámica inicial del tema que estás investigando. Así que no seas demasiado restrictivo, abre las compuertas. Organiza la información que recopiles en temas, fundamentos y opiniones generales. Es posible que al final de esta etapa te sientas más confundido que cuando comenzaste, está bien y es natural. Lo importante es que tienes todo frente a ti, de lo más superficial a lo más profundo, y de las fuentes más fieles a las más dudosas.

2. Filtra tus fuentes. Ahora que tienes toda la información, es hora de identificar tus fuentes, qué tipo de información presentan y si es buena o no. Este paso podría reducir la cantidad de información en un 75% o más.

Cada medio informativo tiene intenciones y enfoques diferentes. Algunos se concentran en datos concretos y directos, otros presentan relatos o cuentan anécdotas sobre el tema, mientras que otros ofrecen opiniones o editoriales. Algunas fuentes son agencias oficiales o autoridades en el campo elegido, mientras que otras son periódicos, medios de comunicación, grupos o asociaciones que están interesadas en él. Algunos son simplemente blogs de personas sin experiencia que se han interesado en un tema en particular, y finalmente están las tristemente célebres «noticias falsas».

Tu objetivo es rescatar las buenas fuentes y descartar las malas. Una buena fuente respalda sus argumentos e ideas con datos sólidos, hechos verificables y un examen cuidadoso. Una mala fuente suele estar más interesada en persuadir mediante hipérboles y a través de las emociones, apelando a datos engañosos o incorrectos para lograrlo.

No confundas anécdota con evidencia, después de todo, así comenzaron los cuentos de brujas.

En esta etapa, notarás algunas divisiones en el material que has recopilado. Identificarás las tendencias e inclinaciones de ciertas fuentes, te darás una idea de cuáles son las perspectivas más populares o comunes (la mayoría), cuáles son los puntos de vista más raros o inusuales (la minoría) y cuáles son divagaciones dementes (el sinsentido). De este modo, estarás en condiciones de separar las fuentes, y conservar las más confiables y útiles.

3. Busca patrones y superposición. A medida que visualizas y repasas tu material, comenzarás a notar temas, posturas e ideas recurrentes. Ciertos puntos aparecerán con más frecuencia y algunos solo aparecerán una vez, esporádicamente. Comenzarás a tener una más acertada noción de los puntos principales, los puntos secundarios y los límites del tema que estás investigando. También podrás construir puentes entre ideas paralelas y puntos de superposición.

Aquí lograrás identificar los componentes principales de tu tema, y los pensamientos y creencias más sobresalientes. Generalmente, verás que las mejores fuentes se referirán a las mismas cosas, y cuando esto suceda, podrás asumir con seguridad que son las partes más importantes de tu tema. Cuando veas un punto repetido en múltiples fuentes, deberías considerarlo un punto o tema importante. Del mismo modo, si hallas cosas que rara vez son mencionadas por personas reconocidas en el campo o que no encajan en las opiniones predominantes, puedes presuponer que no se trata de algo significativo o valioso.

Esto no quiere decir que los puntos de vista alternativos o menos comunes estén necesariamente equivocados. Pero apela a tu mejor juicio. Si solo una fuente aislada hace cierta afirmación, aunque existan «discípulos» que estén de acuerdo con todo lo que dicen, hay una probabilidad mucho mayor de que expresen algo que no es realmente cierto o al menos no es muy importante.

Al final de este paso, deberías estar en condiciones de comprender cuáles son los puntos y argumentos principales (y por qué), así como algunos de los aspectos menores. Superar esta etapa podría calificarte como experto en relación con los demás, y es común que la mayoría de las personas detengan su viaje y su educación en este punto. Pero si te detienes aquí, corres el riesgo de caer preso de la regla general y de no saber qué es lo que no sabes.

4. Busca opiniones disidentes. En este punto, sin duda deberías tener una teoría u opinión en mente. También habrás debido reunir fuentes que la respalden. Este es el momento de buscar fuentes que no estén de acuerdo contigo. Es un paso muy importante. Si no conoces la totalidad de los argumentos opuestos, no tendrás la imagen completa para comprender el problema. No importa lo convencido que estés, intente encontrar al menos uno.

No temas cuestionar tus propios puntos de vista jugando al abogado del diablo. Si tienes una pequeña objeción sobre tu teoría, este es el momento en que debes dar rienda suelta a tu imaginación. Imagina todos los escenarios y circunstancias posibles en los que tu teoría podría ser puesta a prueba.

Encontrar opiniones discrepantes es un paso importante para evitar el mal demasiado común que es el sesgo de confirmación, esto es, nuestra tendencia a escuchar y ver solo lo que queremos escuchar y ver. Esto sucede cuando alguien quiere encarecidamente que algo sea cierto, entonces rechaza cualquier evidencia sólida de que sea falso y solo acepta información que confirme sus creencias. Eso lleva a las personas a seleccionar datos que apoyen su idea e ignorar las pruebas sólidas que la refutan. El sesgo de confirmación no es objetivo, por lo que no tiene cabida en la investigación real. Para combatirlo, préstale a la voz de la oposición una atención lúcida y completa.

En este punto, la conclusión a la que has llegado ha sido puesto a prueba, por lo que ahora ofrece matices, y es más compleja y sofisticada. Tu conclusión es legítima y no está empañado por falacias, malentendidos o desinformación. Serás capaz de comprender tus propias creencias más plenamente y de entender por qué otros pueden pensar diferente. En definitiva, podrás articular con precisión por qué crees lo que crees.

5. Únelo todo. Aquí es donde elaboras la enunciación, después de haber considerado todo lo anterior y en vez de «disparar primero y preguntar después». Este es un punto de claridad para ti. Puedes explicar todos los aspectos del tema o problema del que estás hablando. Escribe, habla, esboza o haz un mapa mental sobre tu nueva área de conocimiento. He aquí una manera sencilla de resumir la experiencia: junta todo para demostrar tu comprensión del tema, incluidos los detalles y matices; «X, Y y Z porque... sin embargo, A, B y C porque...». Si no puede hacer esto con certeza, es posible que debas retroceder uno o dos pasos en el proceso.

Vamos a mostrar un ejemplo que ilustre todos estos pasos y con al menos un camino claro para todo aquel que desee ser un experto en un determinado tema. A fines descriptivos, supongamos que tienes una urgente necesidad de convertirse en un experto en los movimientos de protesta de la década de 1960.

Recopila tu información. Acumula toda la información que puedas, sin discriminación libros de historia, artículos de noticias, biografías, blogs, videos de History Channel, sitios web, actas del Congreso, noticieros, cualquier cosa. Cualquier información es buena en este momento. Utiliza todos los medios a tu disposición. No olvides agrupar y categorizar pensamientos y opiniones.

Filtra tus fuentes. ¿Tiene recortes de noticias de fuentes como The New York Times o la revista Time? ¿Son historias verificables? ¿Sus biografías y libros de no ficción brindan información respaldada, o son exposiciones de ideas que no se basan en suficientes datos? ¿Los blogs están referenciados de manera confiable, o están descuidadamente ensamblados y llenos de adornos y exageraciones? Aquí debes usar tu capacidad para discriminar y decidir qué fuentes valen la pena (aunque puedan exponer argumentos raros) y de qué fuentes debes deshacerte (aunque repitan las posturas más populares). Lamento decirlo, pero algunas opiniones valen más que otras.

173

Busca patrones. Examina tus fuentes en busca de menciones repetidas o descripciones de eventos similares, por ejemplo, la Ley de Derechos Civiles, el asesinato de JFK o la convención demócrata de 1968. Busca tendencias similares en distintas épocas: situación económica, tasas de desempleo, resultados electorales, manifestaciones o protestas. Cuanto más a menudo aparece un determinado evento o tendencia en tu reseña, más probable es que haya tenido un impacto real en el tema. Examina todos los puntos de vista que encuentres: opinión de la mayoría, opinión de la minoría y también las ideas locas. Encontrar patrones repetidos te permitirá tener una vista tridimensional del paisaje.

Busca opiniones disidentes. Ojalá ya hayas formado una tesis de trabajo; ahora la pones a prueba encontrando puntos de vista opuestos bien razonados. Idealmente, parte de tu material de lectura filtrado contiene al menos un contraargumento con puntos de vista elaborados de manera racional. Alternativamente, hacer una búsqueda (muy cuidadosa) en Google podría producir algunos resultados. Debes sopesar estas opiniones disidentes con tu argumento y considerar dónde necesitas ajustar ciertos aspectos de tus razonamientos. Imagina que todos están convencidos de tener razón, eso te permitirá ser más accesible a las posturas de otras personas en lugar de cerrarte a ellas.

Analiza cuál es esa opinión y por qué se sostiene, junto con las suposiciones en las que se basa. Introduce cualquier teoría conspirativa que se te ocurra y así entenderás por qué existen esas ideas y a quién benefician.

Únelo todo. Ya sea que quieras publicarlo o mantenerlo privado, resume tus opiniones y descubrimientos, y tenlos cerca. Asegúrate de considerar todos los puntos de vista, tanto los de apoyo como los opuestos. Por ejemplo, puedes creer que los movimientos de protesta de los años 60 surgieron de un deseo legítimo de cambio, y puedes haber encontrado algunas opiniones que sostienen que eran infiltraciones coordinadas por el gobierno. Deja espacio para las conclusiones discrepantes de otros, ellas darán más cuerpo y legitimidad a tu resultado final. Recuerda: «X, Y y Z porque... sin embargo, A, B y C porque...».

La habilidad de la autodisciplina

Cuando era joven, tenía un compañero llamado Damon que era muy bueno en los torneos de tribunal simulado de la escuela secundaria. Se trata de competencias en las que se simula ser parte de un equipo legal que presenta casos frente a un juez. En aquellos días, si ganabas cuatro casos seguidos, ganabas el campeonato del distrito.

Antes de participar en los torneos de tribunal simulado, Damon no estaba especialmente interesado en los temas legales. Le gustaba más el baloncesto. Pero cuando descubrió que era realmente bueno en eso, decidió ir a la escuela de leyes. En la universidad, siempre hablaba de su ambición de ser abogado y defender casos importantes que impactaran en la sociedad, apelando a su ingenio y astucia característicos.

Años más tarde, me encontré con Damon en un café. Le pregunté sobre sus ambiciones legales y se mostró un poco amargado. «Me di por vencido. Subestimé la cantidad de trabajo y de competencia que habría. Tenía muchas ganas de hacerlo, pero después de unos meses en la facultad de derecho, me abrumó pensar en el tiempo que me llevaría y lo insuperable que me resultaba todo lo que había que hacer, así que me eché atrás. Ahora mi vida es mucho más tranquila, pero no pasa nada interesante. Me pregunto si debería haberle dado otra oportunidad».

En este capítulo, te hemos cargado con un montón de herramientas: marcos conceptuales, sugerencias para establecer objetivos, sugerencias para organizar el tiempo, y formas para reorientar tu enfoque intelectual y realizar investigaciones significativas sobre tu tema. A primera vista, toda esta información podría desanimarse y hacerte pensar que todo el proceso de autoeducación es, pues, insuperable.

Y tendrías toda la razón. Estás abordando un tema con el que no estás familiarizado, al menos parcialmente, y lo comienzas desde cero, sin fuerzas externas que te guíen. No voy a endulzarlo: esto no será fácil. No debes subestimar lo difícil que será este trabajo.

Entonces, ¿por qué querrías hacerlo? Habrá momentos en este proceso en los que no sabrás cómo seguir, y no saber te hará sentir incómodo y desorientado.

Te sentirás como un malabarista sin manos. Estarás saturado de información. No sabrás cómo conectar todos los puntos y hacer que las piezas encajen. Habrá conceptos que comprenderás de inmediato. Tendrás varios platos girando en el aire sin saber qué les pasará hasta que caigan al suelo.

Probablemente quieras renunciar, o al menos te preguntes si toda esta incertidumbre valdrá la pena. Puede que te sientas así más de una vez.

Entonces, en algún momento, cuando menos lo esperes, escucharás ese primer «tintineo» en tu cabeza, y algo pasará a tener sentido.

Eso va a suceder.

Pero antes de que eso suceda, tendrás que pasar por el comienzo de todo el proceso. Y, salvo excepciones, los comienzos son difíciles. Puedes comenzar con confianza y resolución, e incluso superar un par de etapas con esos sentimientos intactos. Entonces, en algún momento, cuando sientas que es momento de dar un gran salto hacia adelante, te encontrará con un obstáculo mental. Te sentirás ansioso y dubitativo.

Cuando esto suceda, recuerda: no empezaste esto para abandonar a mitad de camino. Te comprometiste a largo plazo. Te comprometiste con la idea de tener una visión más amplia, de tomar distancia para comprender que el presente es apenas una pestañeo, ya sea positivo o negativo.

Por eso es importante recordar la visión a largo plazo cuando atraviesas momentos problemáticos en el autoaprendizaje. Tus momentos de ansiedad pasarán. Todo es temporal.

Es cierto que no estamos acostumbrados a tener una visión a largo plazo. Estamos más condicionados a lidiar con lo que está frente a nosotros, a ocuparnos de lo más inmediato. Desde ese punto de vista, los miedos y las preocupaciones tienen un poder desproporcionado: están todos ahí, en el mismo momento, y los sentimos de manera más aguda. La decepción y la desilusión ocurren en la vida de todos, especialmente cuando estamos trabajando para mejorar. Esas emociones negativas existen y están presentes, y el futuro que estamos tratando de mejorar no es una certeza absoluta.

Sin embargo, recordar tus objetivos a largo plazo te ayudará a superar estas emociones negativas. Cuando estas se presenten, reconócelos, valida su realidad y menciona las razones por las que estás emprendiendo este esfuerzo a largo plazo. Entonces sigue adelante.

El fracaso no te obliga a detener lo que estás haciendo, te redirige y te anima a encontrar un nuevo camino a seguir. La forma de ponernos a prueba es a través de la superación de los desafíos, y estos siempre se nos presentarán.

El pensamiento a largo plazo nos enseña que todos los momentos de temor por lo incierto del futuro son temporales. No van a durar. Al mantenerte enfocado en la línea de meta, sin importar qué tan lejos esté, esos momentos de ansiedad perderán su poder, y con el tiempo asumirán el sentido de lo que realmente son: contratiempos temporales y obstáculos menores que se deben sortear para llegar a destino.

Si aceptas que el juego será largo y reconoces que el dolor no durará, una de estas dos cosas te sucederá: o te acostumbrarás a la incomodidad o la incomodidad desaparecerá. En cualquier escenario, la ansiedad perderá su poder sobre ti.

Del mismo modo, es necesario desarrollar resistencia a la confusión. Esta confusión puede surgir como resultado de no saber por dónde empezar o cómo atacar un problema, tener una visión confusa de lo que se está tratando de lograr, preguntarse qué recursos son relevantes para la tarea, y cosas por el estilo. . La resistencia a la confusión implica poder permanecer en una tarea y persistir en ella, en lugar de abandonarla apenas las cosas se ponen difíciles. Se trata de ser capaz de perseverar cuando tienes muchas cosas en las manos y no sabes qué hacer con todas ellas. Es cuando se llega a una bifurcación con 10 caminos posibles y se tiene que analizar cada uno.

Digamos que estás parado en medio de una habitación desordenada y llena de cajas para mover y organizar. Es incómodo estar en medio del caos. Deberás ser creativo al momento de organizar la habitación para que te quede espacio suficiente para todo lo que necesitas meter allí. Si no tienes la capacidad de soportar el caos creado por la montaña de cosas desorganizadas que te rodean, nunca persistirás en la tarea el tiempo suficiente para encontrar una solución viable.

Necesitará suficiente resistencia a la confusión para soportar el desorden inicial al que te enfrentará, así como el desconcierto por no saber por dónde empezar.

Recuerda que al asumir el autoaprendizaje estás haciendo algo excepcionalmente gratificante y que pocas personas hacen. Impactará en tu vida y en tu confianza de manera exponencialmente positiva. Será difícil, frustrante y tardará un tiempo, pero acepta la incertidumbre y el desafío, y mantén en mente la perspectiva a largo plazo. Cuando finalmente llegues adonde quieres llegar, todos esos obstáculos se verán como cosas pequeñas en retrospectiva y te sabrás mejor.

Conceptos antes que hechos, comprensión antes que memoria

En 1979, el investigador Roger Säljö descubrió que si bien entendemos el acto de aprender de varias maneras, estas se pueden resumir de manera general en dos categorías: aprendizaje superficial y aprendizaje profundo. El aprendizaje superficial se relaciona con la adquisición de conocimientos, hechos y memorización; el aprendizaje profundo se refiere a abstraer el significado y comprender la realidad.

El uso de las palabras «superficial» y «profundo» podría suponer que la última es mejor que la primera, pero esto no siempre es cierto. Algunas cosas se aprenden mejor mediante la memorización, en vez de buscando algún significado para contextualizar esas cosas. Si te diera una lista de 30 elementos al azar y te pidiera que los recordaras, probablemente no sería de ayuda forzar tu cerebro a encontrar una relación entre cada elemento. Perderías el tiempo cuando la tarea asignada era solo la de retener información.

Pero la mayoría de las veces, la memorización sirve para aislar hechos en lugar de conectarlos. Establece los hechos como piezas únicas sin contexto de base ni relación con un concepto mayor, no ancla lo que aprendes. A veces esto está bien, pero como consecuencia, lo que aprendes se escapa de tu memoria a corto plazo y con bastante facilidad.

La inmensa mayoría de las cosas que se pueden aprender tienen algún tipo de patrón, ya sea evidente u oculto. Y son estos patrones los que, por lo general, son lo más importante aprender. Sin estos patrones, francamente, lo que aprendas no sería útil. Los patrones hacen que los conceptos sean útiles. Sin los patrones o las relaciones, los conceptos tienen una relevancia muy limitada o temporal y, por lo tanto, no sería importante estudiarlos.

Un plan de estudio típico contiene una combinación de grandes ideas con pocos detalles. En ese contexto, siempre es mejor comenzar con las grandes ideas, los conceptos generales que unen los pequeños detalles.

La razón principal es que muchos detalles pequeños asumen una apariencia aleatoria al principio, pero cuando se ven a través de la lente del concepto más amplio, encajan y forman un contexto. Eso los hace más fáciles de reconocer y de recordar para el cerebro.

De hecho, a menudo puedes prescindir de buena parte de la memorización, pues los conceptos suelen explicar los hechos por sí mismos. En lugar de intentar memorizar, sigue el concepto hasta su conclusión y este revelará los hechos a medida que avanza. Como los subtítulos en un esquema, se colocan bajo el encabezado correspondiente; es una progresión lógica. Si comprendes los principios rectores en torno a algo, los hechos progresan orgánicamente.

Por ejemplo, si estuvieras estudiando la historia de los derechos Miranda en los Estados Unidos, podrías memorizar todos los actores clave: los jueces de la Corte Suprema, los abogados y los nombres de los demandantes y acusados. Podrías memorizar las fechas del caso, los recuentos de votos de todos los tribunales involucrados en la demanda y las apelaciones, los nombres de los casos que vinieron después, e incluso el contenido del aviso («Tiene el derecho a guardar silencio...»).

Ninguno de estos hechos tendría relevancia por sí mismo y no habría razón para conservarlos en la memoria. Hacer hincapié en los conceptos más amplios que rodean la advertencia Miranda (derechos del acusado, procedimiento policial o casos históricos de la Corte Suprema) ayuda a canalizar los hechos a medida que estos surgen. Así es más probable que el cerebro retenga la información que necesita y podrá predecir los hechos con un grado razonable de precisión cuando comprenda los conceptos subyacentes y cómo interactúan.

Esto se conoce como aprendizaje de conceptos. Nos muestra cómo categorizar y discriminar elementos de acuerdo con ciertos atributos críticos. Implica recordar patrones e integrar nuevos ejemplos e ideas. Y en lugar de ser una técnica mecánica de memorización minuciosa, el aprendizaje de conceptos debe construirse y cultivarse.

Uso del aprendizaje de conceptos en la vida diaria

Aplicar el método conceptual para aprender y desarrollar nuevas habilidades, incluso fuera del aula o de un entorno de estudio, puede ayudar a rescatar un significado nuevo y, por extensión lógica, a mejorar la forma en que realizamos determinadas tareas o trabajos.

Un ejemplo sencillo es cocinar. Usualmente, aprender una nueva receta implica seguir una lista de ingredientes y una serie de instrucciones. Si estás preparando una salsa de tomate para pasta, puedes buscar una receta en Internet y tenerla a la vista mientras la preparas. Puedes repetir la acción tantas veces como lo desees hasta que, al fin, serás capaz de hacer la salsa sin la guía.

Pero el objetivo o la razón de cada paso no es algo que se explique en las instrucciones. Por lo general, no explican por qué saltear primero las cebollas y el ajo, por qué hervir la salsa o por qué llevarla a fuego lento durante un tiempo. Entender que al saltear las cebollas y el ajo se produce una base de sabor, que hervir la salsa distribuye los ingredientes y que al llevarla a fuego lento se unen los sabores, puede ayudar a manejar mejor el proceso de preparación.

Comprender esos conceptos hace más fácil reconocer y usar las técnicas en otros platos completamente diferentes. Yendo aún más lejos, comprender el proceso químico exacto podría abrirte la puerta para producir alimentos completamente diferentes o cualquier alimento que se te ocurra. Si sabes qué sabores tienden a entrar en conflicto y cuáles tienden a complementarse, estarás muy por delante del chef que solo memoriza recetas.

Este modelo es muy fácil de replicar: un propietario de una pequeña empresa que entienda cómo funcionan los impuestos, sabrá mejor cómo aplicar las ventajas impositivas en su negocio; un músico que entienda cómo funciona el ritmo en la estructura de una canción, sabrá mejor cómo programar una caja de ritmos; un jugador de ajedrez tendrá más ventaja si es capaz de comprender las diferencias entre estrategias generales y movimientos individuales una persona encargada de lavar la ropa cometerá menos errores y arruinará menos prendas si entiende cómo afectan el agua fría y el agua caliente los colores de las telas y las fibras.

Puedes aprender los detalles de cualquier tarea, incluso puedes aprender a realizarla adecuadamente. Pero conocer los principios y las ideas que unen esos detalles es una forma más eficaz de preservar y retener esas habilidades. Cuando llegue el momento de aprender algo nuevo, es muy posible que pueda vincular ese nuevo conocimiento con conceptos que definidos previamente.

El aprendizaje heurístico es muy similar al aprendizaje de conceptos (Barsalou, 1991-1992). La heurística describe un patrón de pensamiento o comportamiento que organiza categorías de información y las relaciones que existen entre ellas. Toma nuestras nociones o ideas preconcebidas del mundo, y las usa como un medio para interpretar y clasificar nueva información.

Por ejemplo, en una fiesta de cumpleaños no te comportarías igual que en un funeral. Los «códigos» de comportamiento para cada situación, y para cualquier otra ocasión, están ordenados dentro de una heurística. Establecer y comprender las reglas heurísticas para lo que sea que estés a punto de aprender siempre es útil. En cualquier caso, mantén los conceptos y la comprensión a la vanguardia, ya que a menudo pueden llenar los espacios en blanco y permitirte aprender más en menos tiempo.

La mentalidad correcta

Esta última sección del libro se articula sobre los principios establecidos en el primer capítulo. Lo que terminas aprendiendo es lo que crees que terminarás aprendiendo.

En otras palabras, habla de la confianza, la motivación y la mentalidad absoluta que traes contigo cada nuevo día.

La Dra. Carol Dweck de la Universidad de Stanford ha estudiado las actitudes hacia el aprendizaje durante décadas, como describe en su libro «Mindset: La nueva psicología del éxito». Dweck afirma que la mayoría de las personas poseen una de estas dos clases de mentalidades (o *mindset*): fija o de crecimiento.

Las personas con mentalidad fija creen que el talento y la inteligencia son rasgos genéticos innatos. O tienes talento o no lo tienes. O naciste con inteligencia o sin ella. Puedes aprender francés o no. Nada de lo que hagas puede cambiar ese hecho, porque es tu destino. Ya puedes imaginar cómo afectaría este pensamiento tus esfuerzos y actitudes hacia el autoaprendizaje.

Las personas con mentalidad de crecimiento, por otra parte, creen que el talento, la inteligencia y la capacidad se pueden desarrollar a medida que uno crece. A través del trabajo y el esfuerzo, una persona puede volverse talentosa o inteligente. Para la mentalidad de crecimiento, el fracaso no es fatal, sino un paso más en el camino del aprendizaje. Si hay esfuerzo, habrá cambios y mejoras. Es solo un proceso más largo.

Dweck descubrió que las personas con mentalidad fija tendían a centrar sus esfuerzos en tareas con altas probabilidades de éxito, que provenían del deseo de «verse inteligentes». Se alejaban de aquellos trabajos que implicaban algún tipo de sacrificio. Evitaban los obstáculos, ignoraban las críticas y se sentían amenazadas por el éxito de los demás. También tendían a no probar cosas nuevas ni a experimentar, pues sentían que el fracaso era inminente.

Las personas con mentalidad de crecimiento, según afirma Dweck, eran más abiertas y aceptaban los desafíos. Creían que la tenacidad y el esfuerzo podían cambiar el resultado de su aprendizaje. Persistían a pesar de las barreras, escuchaban los comentarios críticos de los demás y utilizaban los éxitos de otras personas como inspiración y como oportunidades de aprendizaje.

La forma en que interpretas los desafíos, los contratiempos y las críticas es tu elección. Puedes interpretarlos con una mentalidad fija y afirmar que careces del talento o de la capacidad para ser exitoso, o puede usar la mentalidad de crecimiento para convertir los obstáculos en oportunidades para crecer, aumentar tus esfuerzos estratégicos y expandir tus habilidades. Imagino que podrás adivinar cuál de estas mentalidades es más adecuada para el aprendizaje acelerado y la incursión en algo nuevo. ¿Cuál de estas opciones consideras errada para el aprendizaje?

En una investigación aún más reveladora, Dweck exploró cómo se crean estas mentalidades. No es de sorprender que tengan origen temprano en nuestras vidas. No es la intención aquí desviarnos hacia la perspectiva de Sigmund Freud sobre que todo lo que somos es el resultado de nuestras experiencias infantiles, pero sin duda hay más conexiones de las que se ven a simple vista.

En un estudio fundamental, Dweck y sus colegas ofrecieron a los niños de cuatro años una opción: podían hacer un rompecabezas fácil o intentar hacer uno más difícil.

Los niños con mentalidades fijas se mantuvieron en el lado seguro y eligieron los rompecabezas más simples, aquellos que afirmarían las habilidades que ya tenían, mientras que los niños con mentalidades de crecimiento consideraron extraña la mera opción: ¿por qué alguien querría hacer el mismo rompecabezas una y otra vez y no aprender algo nuevo?

Los niños con mentalidad fija estaban enfocados en resultados que les garantizaran el éxito y les dieran la apariencia de ser inteligentes. Los niños con mentalidad de crecimiento querían desarrollar sus habilidades. Para ellos, la definición de éxito era intentar ser más inteligente. En definitiva, los niños con mentalidad de crecimiento tomaron su decisión sin preocuparse por las posibilidades de fracaso.

El estudio de Dweck se volvió aún más interesante. Llevó a los adultos al laboratorio de ondas cerebrales de la Universidad de Columbia para estudiar cómo se comportaban sus cerebros al responder preguntas y recibir comentarios.

Las personas de mentalidad fija solo estaban interesados en comentarios que reflejaran sus habilidades actuales. Hicieron oídos sordos a la información que podría haberlos ayudado a aprender y mejorar su desempeño. Sorprendentemente, no mostraron interés en escuchar la respuesta correcta a una pregunta en la que se habían equivocado, pues ya habían etiquetado su respuesta como fracaso y no tenía más utilidad para ellos.

Sin embargo, las personas con una mentalidad de crecimiento prestaron mucha atención a la información que podría ayudarlos a adquirir nuevos conocimientos y habilidades. Para ellas, no era ninguna vergüenza equivocarse en la respuesta, y la explicación correcta fue bien recibida como ayuda para su desarrollo. Para las personas con mentalidad de crecimiento, la prioridad es el aprendizaje, no la trampa binaria del ego ante el éxito o el fracaso. Lo que se manifiesta en la infancia puede permanecer con nosotros durante toda la vida si no se aborda.

Afortunadamente, no importa qué tan profundamente arraigada esté una mentalidad fija en una persona, no tiene por qué ser una condición permanente como ellas mismas creen. Las mentalidades son maleables y se pueden educar. Los perros viejos pueden aprender nuevos trucos.

Dweck y sus colegas desarrollaron una técnica a la que llamaron «intervención de mentalidad de crecimiento». El uso de la palabra «intervención» puede resultar algo crítica, pero lo singular de la idea es cuán pequeños son realmente los ajustes. Los pequeños cambios en la comunicación, incluso en los comentarios más inocuos, pueden tener consecuencias duraderas para la mentalidad de una persona. Esto también aplica a cómo te comunicas contigo mismo.

Algo clave en esta técnica es la naturaleza de los elogios. Felicitar el proceso de alguien («Admiro cómo sobrellevaste ese problema») en lugar de destacar su rasgo o talento innato («Eres tan inteligente») es una manera simple pero poderosa de promover la mentalidad de crecimiento.

El elogio del talento solo refuerza la noción de que el éxito o el fracaso se basa en un rasgo innato, inmutable, estático y estancado. El elogio del proceso aplaude el trabajo, la acción que se ha tomado para dar el siguiente paso, y refuerza la idea de que el talento no es lo importante, sino el esfuerzo.

Es cierto que entre nosotros hay polígotas que parecen ser capaces de aprender un idioma nuevo cada semana, pero son la gran minoría. Todos los demás han tenido que tomarse meses o años para aprender un nuevo idioma, y probablemente todavía tengan dificultades de pronunciación o gramática. Sin embargo, estaban seguros de poder y sabían que balbucear era parte del viaje.

Este está lejos de ser un libro sobre la mentalidad, pero todas las técnicas que hemos discutido te serán inútiles si no estás convencido de poder llevarlas a cabo en dirección a tu objetivo. El autoaprendizaje comienza convenciéndote a ti mismo de que eres la clase de persona capaz de sobresalir, simplemente gracias a tu voluntad, y no en base a tu pasado, tus talentos o tus defectos autopercibidos, ni tus creencias arbitrarias y limitantes. Empieza despacio, trabaja y te sorprenderás a dónde eres capaz de llegar en poco tiempo.

Conclusiones:

- Hay técnicas y hábitos que debes cultivar en tu búsqueda del autoaprendizaje y la autoeducación. Muchos de ellos surgen del simple hecho de que al no haber nadie que te supervise, debes hacerlo tú mismo. Una vez más, lo importante es entender que debes ser tanto estudiante como profesor.

- En primer lugar, planes, horarios y metas deben tener un sitio preponderante en tu autoaprendizaje. De hecho deberían ser de las primeras cosas que crees y establezcas. Toma una de las hojas de Benjamin Franklin (dos veces) e implementa un cronograma diario que simplifique tu toma de decisiones, así como un plan y un cronograma para lograr tus objetivos. Asegúrate de que tus objetivos sean lo suficientemente desafiantes como para ser motivadores, pero no tan imposibles como para generar desánimo. Piensa de manera inteligente según el modelo SMART.

- La información no te va a enseñar por sí misma. Debes sostener un diálogo con el material que encuentres e interactuar con él de manera de compensar la falta de un profesor que te motive. Debes extraer la información relevante. Puedes lograrlo haciendo preguntas críticas en busca de pruebas. El objetivo es lograr comprensión, contexto y perspectiva, y no buscar una respuesta correcta. Mientras te concentres en el propósito general de desarrollar una visión tridimensional y matizada de un tema, tus preguntas estarán bien orientadas.

- Investiga. No es tan simple como ir a la biblioteca y sacar un libro, o consultar Wikipedia y dar por terminado el día. Igual que como vimos en el punto anterior sobre extraer información, debes asegurarte de lograr una comprensión completa y profunda del tema a través de cinco pasos: recopilar, filtrar, buscar patrones, buscar opiniones disidentes y unirlo todo.

- La autodisciplina es necesaria y en grandes dosis, pues el autoaprendizaje

200

no es una actividad placentera por naturaleza. Es trabajo. Y puede provocar ansiedad, estrés y desánimo que, en última instancia, pueden llevarte a renunciar. Observa tus momentos de ansiedad y considéralos temporales y pasajeros. El dolor no durará para siempre, te acostumbrarás o lo superarás. Ambos resultados son aceptables en el proceso ocasionalmente doloroso que habrás de transitar.

- El aprendizaje profundo y el aprendizaje superficial son diferentes. El aprendizaje profundo proviene de la comprensión de conceptos y patrones y, a menudo, reemplaza la necesidad de un aprendizaje llano y superficial. El mismo paralelismo se puede trazar con respecto a memorizar versus entender. Si priorizas los conceptos y la comprensión, podrás completar los espacios en blanco por ti mismo.

- Antes de estar en condiciones de aprender por ti mismo, tu mentalidad debe permitírtelo. Puedes poseer una mentalidad de crecimiento o una mentalidad fija: la primera reconoce que el crecimiento se produce gracias al esfuerzo (crecimiento = esfuerzo), mientras que la segunda cree que el crecimiento no es consecuencia del esfuerzo, sino de la suerte, el destino o el talento innato (crecimiento = suerte). La mentalidad de crecimiento es la que te permite aprender de manera efectiva, pues sostiene que puedes hacerlo. Tanto si puedes como si no, estarás en lo cierto. Ninguna técnica del mundo te ayudará en tu aprendizaje si tú mismo no lo crees.

Guía resumida

CAPÍTULO 1. PRINCIPIOS DEL AUTOAPRENDIZAJE

- Si bien la búsqueda del autoaprendizaje no es novedosa, lo novedoso es cuán posible y alcanzable resulta hoy en día gracias a Internet. Hoy podemos aprender todo lo que queramos. El aprendizaje tradicional tiene algunos aspectos positivos, pero también limita severamente nuestro enfoque hacia la educación y hacia cómo enriquecernos intelectualmente. Para combatir esta limitación, primero debemos seguir el ejemplo de los autodidactas y comprender la diferencia de mentalidad entre leer y regurgitar, y poseer una auténtica curiosidad intelectual.

- La pirámide del éxito en el aprendizaje establece con precisión los tres aspectos del aprendizaje, dos de los cuales generalmente se descuidan, constituyéndose en una barrera insondable para la mayoría de las personas. Primero, debes tener confianza en tu capacidad para aprender, de lo contrario te desanimarás y perderás la esperanza. En segundo lugar, debes ser capaz de autorregular tus impulsos, ser disciplinado y concentrar tu atención: puedes llevar a un caballo al agua, pero no puedes obligarlo a beber. Recién en tercer lugar viene el aprendizaje, que es donde la mayoría de la gente tiende a comenzar, a pesar suyo. Aprender es más que abrir un libro y leerlo, al menos psicológicamente.

- La automotivación está relacionada con la autogestión. Este es un aspecto esencial del autoaprendizaje, ya que en él no existe un educador que te imponga rigidez, sino que tú mismo eres tanto el profesor como el alumno, y aquí entra la tarea de la automotivación. Hay tres aspectos principales de la motivación intrínseca, que te impulsan a seguir avanzando hacia tu objetivo de autoaprendizaje: autonomía, maestría y propósito o impacto. Las recompensas intangibles tienden a ser mucho más poderosas que aquellas a las que tradicionalmente consideras motivadoras.

Capítulo 2. Interacción con la información

- Interactuar con la información consiste en tomar algo que está en la página o la pantalla, entenderlo y convertirlo en algo útil para ti. En otras palabras, eso es aprender, pero hay mejores prácticas para adoptar fuera del entorno tradicional del aula.

- Primero está el método EPL2R. Úsalo. Significa encuestar, preguntar, leer, recitar y repasar. No es solo un proceso para atacar un libro, sino más bien un plan para atacar disciplinas, campos enteros de conocimiento y lo que sea que estés intentando aprender por ti mismo. La mayoría de las personas usarán algunos elementos del método

EPL2R, como leer y repasar, pero sin los otros pasos resulta más difícil lograr una comprensión profunda.

- En segundo lugar, están las notas Cornell. Utilízalas. Las notas Cornell dividen la forma de tomar notas en tres partes: Notas, Ideas y Resumen. De esta manera, creas tu propia guía de estudio con la posibilidad de ahondar en los detalles que desees cuando lo desees. Y repasar la información tres veces no te hará daño.

- Finalmente, está la autoexplicación. Hazla. Cuando nos vemos obligados a tratar de explicar conceptos a través de la auto-indagación, rápidamente descubrimos lo que sabemos y lo que no sabemos. Aquello que no sabemos toma el nombre de puntos ciegos y son mucho más comunes de lo que nos gustaría suponer. ¿Puedes explicar por qué el cielo es azul o cómo funciona la gravedad? Probablemente creas que entiendes esos conceptos. La técnica Feynman es una rama de la autoexplicación que también ayuda a encontrar puntos ciegos, con el componente adicional de utilizar la analogía para explicar lo que crees saber.

CAPÍTULO 3. LEER MÁS RÁPIDO Y RETENER MÁS

- Este capítulo está orientado a enseñarte a leer más rápido y a retener más información al mismo tiempo. Parece una tarea difícil, pero es poco probable que hayas aprendido mucho sobre la lectura, más allá de aprender el alfabeto en la escuela. Existen algunos aspectos importantes a tener en cuenta para leer más rápido.

- Debes detener las subvocalizaciones. Esto es, pronunciar mentalmente las palabras. Puedes pensar y procesar más rápido de lo que puedes leer en voz alta, lo que significa que en lugar de pronunciar las palabras, debes imaginar su significado. Es un hábito difícil de modificar.

- En segundo lugar, debes entrenar tus ojos. Cada ojo tiene seis músculos que controlan sus movimientos. Debes entrenar tus ojos de dos maneras: para que se muevan menos y para que mires más con tu visión periférica.

- En tercer lugar, debes aprender a ojear estratégicamente evitando palabras inútiles, enfocándote en palabras importantes e ignorando las palabras que se encuentran más cerca de los márgenes.

- Finalmente, debes entender cómo funciona tu concentración y atención en relación a la lectura. Brinda a la lectura el respeto que merece, toma descansos programados, crea juegos para leer más rápido y elimina las distracciones.

- ¿Cómo se lee un libro? La sección final ofrece un detalle de los cuatro niveles de lectura, tal como los articula el autor Mortimer Adler. Los niveles son elemental, inspeccional, analítico y sintópico. La mayoría de los lectores solo utilizan los dos primeros niveles, por lo que no se involucran con el material ni sostienen una conversación con él. De estos cuatro niveles de lectura proviene la comprensión profunda y verdadera.

CAPÍTULO 4. HÁBITOS Y TÉCNICAS PARA ENSEÑARTE A TI MISMO LO QUE QUIERAS

- Hay técnicas y hábitos que debes cultivar en tu búsqueda del autoaprendizaje y la autoeducación. Muchos de ellos surgen del simple hecho de que al no haber nadie que te supervise, debes hacerlo tú mismo. Una vez más, lo importante es entender que debes ser tanto estudiante como profesor.

- En primer lugar, planes, horarios y metas deben tener un sitio preponderante en tu autoaprendizaje. De hecho, deberían ser de las primeras cosas que crees y establezcas. Toma una de las hojas de Benjamin Franklin (dos veces) e implementa un cronograma diario que simplifique tu toma de decisiones, así como un plan y un cronograma para lograr tus objetivos. Asegúrate de que tus objetivos sean lo suficientemente desafiantes como para ser motivadores, pero no tan imposibles como para generar desánimo. Piensa de manera inteligente según el modelo SMART.

- La información no te va a enseñar por sí misma. Debes sostener un diálogo con el material que encuentres e interactuar con él de manera de compensar la falta de un profesor que te motive. Debes extraer la información relevante. Puedes lograrlo haciendo preguntas críticas en busca de pruebas. El objetivo es lograr comprensión, contexto y perspectiva, y no buscar una respuesta correcta. Mientras te concentres en el propósito general de desarrollar una visión tridimensional y matizada de un tema, tus preguntas estarán bien orientadas.

- Investiga. No es tan simple como ir a la biblioteca y sacar un libro, o consultar Wikipedia y dar por terminado el día. Igual que como vimos en el punto anterior sobre extraer información, debes asegurarte de lograr una comprensión completa y profunda del tema a través de cinco pasos: recopilar, filtrar, buscar patrones, buscar opiniones disidentes y unirlo todo.

- La autodisciplina es necesaria y en grandes dosis, pues el autoaprendizaje no es una actividad placentera por naturaleza. Es trabajo. Y puede provocar ansiedad, estrés y desánimo que, en última instancia, pueden llevarte a renunciar. Observa tus momentos de ansiedad y considéralos temporales y pasajeros. El dolor no durará para siempre, te acostumbrarás o lo superarás. Ambos resultados son aceptables en el proceso ocasionalmente doloroso que habrás de transitar.

- El aprendizaje profundo y el aprendizaje superficial son diferentes. El aprendizaje profundo proviene de la comprensión de conceptos y patrones y, a menudo, reemplaza la necesidad de un aprendizaje llano y superficial. El mismo paralelismo se puede trazar con respecto a memorizar versus entender. Si priorizas los conceptos y la comprensión, podrás completar los espacios en blanco por ti mismo.

- Antes de estar en condiciones de aprender por ti mismo, tu mentalidad debe permitírtelo. Puedes poseer una mentalidad de crecimiento o una mentalidad fija: la primera reconoce que el crecimiento se produce gracias al esfuerzo (crecimiento = esfuerzo), mientras que la segunda cree que el crecimiento no es consecuencia del esfuerzo, sino de la suerte, el destino o el talento innato (crecimiento = suerte). La mentalidad de crecimiento es la que te permite aprender de manera efectiva, pues sostiene que puedes hacerlo. Tanto si puedes como si no, estarás en lo cierto. Ninguna técnica del mundo te ayudará en tu aprendizaje si tú mismo no lo crees.

www.ingramcontent.com/pod-product-compliance
Lightning Source LLC
Chambersburg PA
CBHW071849090426
42811CB00004B/536